BIBLIOTHÈQUE D'HISTOIRE ET D'ART

LES STATUES DE PARIS

PAR

PAUL MARMOTTAN

PARIS
LIBRAIRIE RENOUARD
HENRI LAURENS, ÉDITEUR
6, RUE DE TOURNON, 6

LES

STATUES DE PARIS

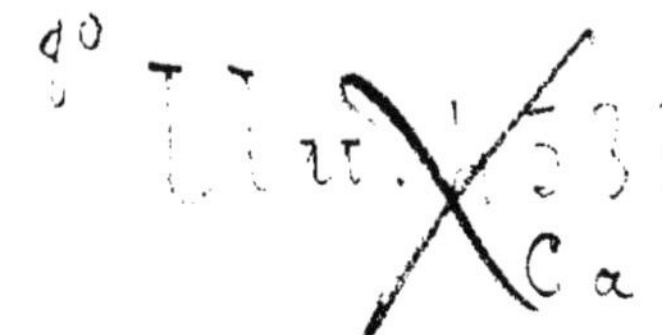

IMPRIMERIE PILLET ET DUMOULIN
Rue des Grands-Augustins, 5, à Paris.

BIBLIOTHÈQUE D'HISTOIRE ET D'ART

LES

STATUES DE PARIS

PAR

PAUL MARMOTTAN

Ouvrage orné de trente-cinq Gravures

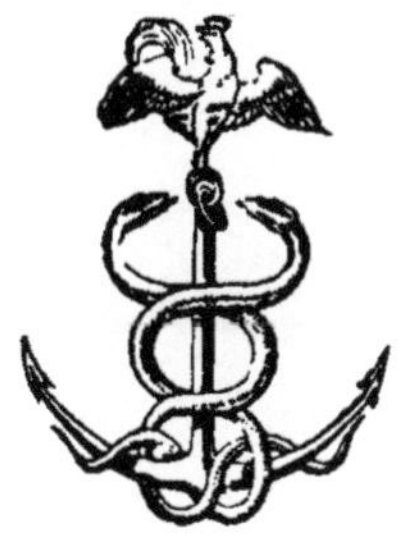

PARIS

LIBRAIRIE RENOUARD

HENRI LAURENS, ÉDITEUR

6, RUE DE TOURNON, 6

PRÉFACE

Le livre que nous offrons au public renferme des notices sur toutes les statues des places et des squares de Paris; parmi elles, figurent les plus récemment inaugurées. La biographie du héros qui en est l'objet, le caractère artistique du monument, ses rapports avec l'histoire de la Ville, y sont successivement présentés et étudiés.

Parlant d'illustrations nées dans des provinces différentes et à des siècles d'intervalles, cet ouvrage est une sorte de synthèse des grandes idées par lesquelles la patrie a été forte, a brillé, a mérité et conquis la place qu'elle occupe dans le monde. Toutes les branches de l'activité humaine y figurent avec leurs plus dignes enfants. Charlemagne, Jeanne d'Arc, Napoléon, le prince Eugène, Ney, Moncey, personnifient la valeur guerrière; Gutenberg, Palissy, Pascal, Claude Bernard, représentent la science par le triomphe de la pensée; Henri IV, Louis XIII, Louis XIV, la royauté avec ses fortunes diverses et ses fondations; Molière,

Sedaine, le théâtre; Voltaire, Diderot, la philosophie et l'esprit d'examen; l'abbé de l'Épée, Malesherbes, Haüy, Berryer, la philanthropie et l'éloquence; Bichat, Pinel, Larrey, la médecine avec ses découvertes; Lamartine, Béranger, la poésie; Ledru-Rollin, la politique; Henri Regnault, les beaux-arts; Berlioz, la musique; Alexandre Dumas, le roman.

Nous nous sommes proposé d'être instructif, tout en épargnant au lecteur les nombreux détails d'érudition, et si, grâce au sujet, ce but a pu être atteint, ce sera pour nous une vive satisfaction d'avoir contribué à maintenir le culte de nos grands hommes, au rang qu'il doit occuper dans les esprits et dans les cœurs.

Ce qui reste par-dessus tout de nos aïeux, c'est l'exemple de leurs vertus ou de leur génie. Aussi, les avons-nous proposés comme des modèles. Quelles qu'aient été les péripéties par lesquelles ont passé les systèmes politiques, quelles qu'aient été les erreurs de plus d'un de ces hommes — et les meilleurs n'en ont pas été plus exempts que le commun des mortels, — nous n'avons voulu nous souvenir que de leur bonne foi, que de la pureté de leurs intentions et que de la gloire qu'ils ont donnée à leur patrie. L'écueil de faire une œuvre de parti a été ainsi évité.

Ayant pour but d'intéresser à l'histoire générale par l'étude des manifestations de l'art, nous ne pou-

vions négliger le côté critique. L'examen des statues de Paris forme une importante division de la sculpture au dix-neuvième siècle. On sait, en effet, que tous ces monuments ont été réédifiés ou édifiés depuis la Révolution. Le régime de la Terreur, dans sa fureur d'égalité, avait renversé toutes les anciennes statues. Depuis lors Paris s'est repeuplé de ce monde disparu. L'avenir nous promet encore plus d'un sujet.

La sculpture a toujours recruté en France des disciples éminents. Est-il besoin de dire que les artistes dont nous allons parler s'appellent : Houdon, Bosio, David d'Angers, Pradier, Rude, etc.; il n'est plus permis de méconnaître de tels talents dans un temps où, grâce aux encouragements venus de haut, l'étude des arts est si libéralement répandue.

LES
STATUES DE PARIS

CHARLEMAGNE

PARVIS NOTRE-DAME

Charlemagne comme conquérant et législateur est la plus grande figure du moyen âge. Par ses guerres comme par ses institutions, il a cherché à arrêter, à fixer l'invasion, à rétablir la stabilité dans l'Europe troublée depuis près de quatre siècles, et à renouer la chaîne de la civilisation. C'est en 754 qu'il fut sacré par Étienne II qui était venu demander l'appui de Pépin. A la mort de son père (768), il partagea ses États avec son fils Carloman; à Noyon il fut reconnu roi de Neustrie, d'Aquitaine et d'une partie de l'Austrasie. Quand Carloman mourut, en 771, il profita d'une querelle pour dépouiller sa veuve et ses enfants qui se réfugièrent auprès du roi des Lombards. Alors, tous les Francs le reconnurent comme souverain, et son idée fixe fut de réunir dans un vaste empire les peuples de l'Europe occidentale, Germains et Romains, pour repousser la double invasion qui menaçait la chrétienté, celle de l'Est ou des peuples danois et slaves, celle du Sud ou des Sarrasins. Il combattit dans ce but successivement tous les peuples qui ne voulurent pas reconnaître son autorité. Partout où il porta ses armes, il défit ses ennemis et accrut sa puissance. Il créa pour tous ces pays conquis une unité politique et territoriale, et rétablit la paix générale.

Tel est, exposé à grands traits, son rôle comme guerrier. Comme homme et comme législateur son exemple et son rôle sont non moins remarquables. Bon et frugal dans son intérieur, menant en temps de paix la vie active d'un chasseur infatigable, l'empereur d'Occident ne se départ de cette simplicité de mœurs que lorsqu'il reçoit les ambassadeurs de la chrétienté ou qu'il préside à des cérémonies publiques. Il revêt alors la pourpre et quitte ses habits de peau de brebis ou de peau de loutre. Son costume ordinaire, écrit son principal historien Eginhard, était celui de ses pères, l'habit des Francs... Il était toujours couvert de la saie des Vénètes et portait une épée dont le pommeau lui servait à sceller les traités. Sa mise était donc en parfaite conformité avec son caractère, elle était modeste et sans apprêt, ou fastueuse suivant les cas. Son esprit sans cesse tourné vers le progrès lui imposait l'obligation de donner l'exemple des vertus militaires et civiques en prêchant le sentiment de la religion et de la hiérarchie, l'économie et l'ordre dans la vie domestique. Il n'y avait pas de détails

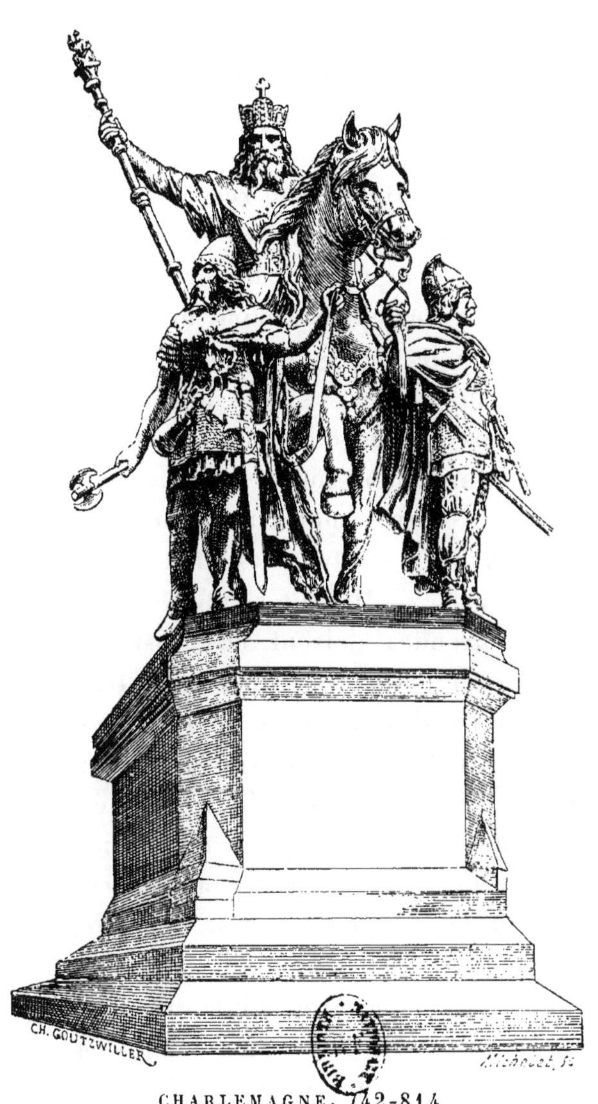

CHARLEMAGNE. 742-814

pour sa vaste intelligence qui voyait tout et descendait à tout. Ses lois sont inspirées par un sens profond et une sagesse qui depuis n'a pu être dépassée.

Charlemagne est l'homme à qui la civilisation est le plus redevable à cette époque reculée. Grâce à lui le service militaire, la justice, les impôts, les travaux publics étaient réorganisés, les grandes assemblées du *Champ de Mai* adoptées comme un vaste moyen de gouvernement; le clergé, réformé et favorisé par le souverain, l'aidait dans ses vues de civilisation. Pendant ce temps, Rome était sous sa puissance et les conciles se réunissaient sous ses auspices.

Deux grands titres sont encore acquis à Charlemagne : il fut le protecteur des lettres, il fut le protecteur des arts. — Il avait compris que les nations pour être grandes doivent être instruites. Outre l'exemple qu'il donnait lui-même de travailler les lettres, d'écrire des livres et de suivre avec la plus minutieuse attention les études de ses enfants, il appelait à sa cour les savants les plus renommés, et faisait déchiffrer des manuscrits qu'on ne devait connaître que grâce à lui. — L'amour des arts l'occupait tout autant. Il fit de sa capitale, Aix-la-Chapelle, une cité remplie de riches monuments, et bâtit ça et là des palais immenses pour lesquels il faisait venir à grands frais de Rome et de Ravenne les marbres les plus précieux. C'est là qu'il aimait à réunir ses grands vassaux ou à tenir des conciles et des synodes.

Cet empereur mérita le titre de *Grand* non seulement par ses conquêtes, mais aussi par ses sages institutions. La France reçut de lui nombre d'encouragements. Restaurateur des lettres, il y attira par ses libéralités les savants les plus distingués de l'Europe. Il fonda dans son palais même la première académie qu'on eût vue dans les Gaules, et s'honora d'en être membre. Il favorisa aussi l'agriculture et la marine, et fit d'admirables règlements. On lui doit le code connu sous le nom de *Capitulaires*, promulgué en 805. Charlemagne est le patron de l'Université de Paris, et sa fête se célèbre le 28 janvier.

« Ce prince prodigieux, dit Montesquieu, était extrêmement modéré. Il mit une règle admirable dans sa dépense; il fit valoir ses domaines avec sagesse, avec attention, avec économie; un père de famille pourrait apprendre dans ses lois à gouverner sa maison. Tout le capitulaire *De Villis*, de l'an 800, est un chef-d'œuvre de prudence, de bonne administration et d'économie. Je ne dirai plus qu'un mot, ajoute Montesquieu; il ordonnait qu'on vendît les œufs des basses-cours de ses domaines et les herbes inutiles de ses jardins, et il avait distribué à ses peuples toutes les richesses des Lombards, et les immenses trésors de ces Huns qui avaient dépouillé l'univers. » Son règne avait duré près de soixante années.

Telle est la grande figure qu'avaient à traiter deux artistes français, MM. Louis et Charles Rochet. La tâche était difficile et savante, mais elle n'était pas au-dessus de leur talent. L'œuvre est là pour en répondre. Très remarquée déjà aux diverses expositions où elle avait figuré, cette statue équestre attendait pour être définitivement jugée un emplacement digne d'elle. L'effet qu'elle produit sur le public est aussi favorable qu'on peut le désirer. Telle qu'elle se présente, dotée seulement d'un piédestal provisoire, forcément massif, la statue ou plutôt le groupe de Charlemagne en impose par son caractère. Placée sur un des côtés du parvis Notre-Dame, elle évoque dans les esprits le plus grand nom du moyen âge, au même titre que la célèbre basilique en rappelle un des plus beaux monuments. L'Église et l'Empereur, associés sur un même emplacement, en marquent bien les deux puissances souveraines d'alors : l'Église dans la personne du pape, l'Empire dans celle de Charlemagne !

Ah ! c'est un beau spectacle à ravir la pensée,
Que l'Europe, ainsi faite, et comme il l'a laissée !
Un édifice, avec deux hommes au sommet.
Deux chefs élus auxquels tout roi né se soumet.
. . . .
— Le pape et l'empereur sont tout. Rien n'est sur terre
Que par eux et pour eux. Un suprême mystère
Vit en eux, et le ciel, dont ils ont tous les droits,
Leur fait un grand festin des peuples et des rois.
Le monde au-dessous d'eux s'échelonne et se groupe.
Ils font et défont. L'un délie et l'autre coupe.
L'un est la vérité, l'autre est la force. Ils ont
Leur raison en eux-mêmes, et sont par ce qu'ils sont.

Quand ils sortent, tous deux égaux, du sanctuaire,
L'un dans sa pourpre, et l'autre avec son blanc suaire,
L'univers ébloui contemple avec terreur
Ces deux moitiés de Dieu, le pape et l'empereur[1] !
. . . .

Les artistes ont représenté le grand empereur entre Olivier et Roland, voulant ainsi associer à leur composition les types légendaires des paladins dont Roland, grâce aux poètes, est le plus populaire. La bravoure, la taille, la force du héros de Roncevaux ont entre autres inspiré au neuvième siècle à Théroulde, la fameuse « Chanson de Roland », considérée aujourd'hui comme un des chefs-d'œuvre de notre langue au moyen âge. Roland est l'acolyte naturel de Charlemagne, dont il fut longtemps le bras.

Soucieux de ne rien laisser au hasard, dans une œuvre de reconstitution de haute archéologie, les auteurs de la statue de Charlemagne se sont attachés à être aussi véridiques qu'il était possible, non seulement dans la formation de leur groupe, mais aussi jusque dans les détails des attributs. L'épée de Roland est la copie fidèle de l'originale, la célèbre Durandal, placée et conservée à Madrid. Il en est de même des autres attributs, notamment de la couronne de l'empereur. Grâce à l'histoire d'Eginhard et aux divers documents contemporains, se rapportant à Charlemagne, tels que par exemple des mosaïques, on est fixé

1. Victor Hugo, *Hernani*, acte IV, scène II.

absolument sur les costumes de cette époque, et sur les joyaux de la couronne impériale. L'archéologie n'a plus grand secret à découvrir. D'ailleurs Vienne et Paris ne conservent-ils pas quelques-uns de ces trésors artistiques? Vienne spécialement les tient de Nuremberg, la ville impériale, qui les lui confia pour les soustraire aux fureurs révolutionnaires, et Paris les garde précieusement, les prêtant seulement à ceux qui se sont crus dignes de les revêtir à leur couronnement. L'un d'eux s'appelle Napoléon, l'autre... Charles X!

Quoi qu'il en soit, les documents ne manquaient pas aux statuaires, et ils s'en sont consciencieusement emparés. La couronne impériale placée sur la tête de l'Empereur est aussi une reproduction de celle que possède Vienne, et qui suivant la tradition ne serait qu'une copie fidèle faite au quinzième siècle de l'originale. Charlemagne ainsi couronné, la tête haute et fière, s'avance à cheval, appuyant sa droite sur son sceptre. Roland et Olivier marchent près de la haquenée. Ici se place une sorte d'anachronisme, et si les artistes s'en sont arrogé la licence, c'est qu'ils ont tenu à représenter la vie du grand homme dans son ensemble à la fois guerrier et souverain. Roland en effet était mort depuis plusieurs années lorsque Charlemagne se rendit à Rome pour recevoir, du pape Léon III, la couronne impériale. Telle est la statue de cet empereur que l'Allemagne nous conteste et qu'elle place, comme l'Italie le fait, à la tête de sa propre histoire.

En 1804, lorsque Napoléon vint se faire sacrer par le pape à Notre-Dame, la place du Parvis avait, une première fois, par une flatteuse attention de la municipalité reçu la statue de Charlemagne. Cette statue faisait même pendant à celle du héros qui renouvelait les exploits de l'empereur d'Occident et allait ceindre sa couronne. Ces deux noms viennent à la pensée par leurs traits communs : sous Charlemagne pourtant, Paris n'était qu'une des cités du vaste empire dont la France elle-même n'était qu'un démembrement. Ce vaste empire ne survécut pas plus à son auteur que celui de Napoléon. Leur génie seul est resté avec leurs fondations, et pour l'un comme pour l'autre, le poète pourra s'écrier sur leur cercueil :

Qu'il fut heureux celui qui dort dans ce tombeau,
Qu'il fut grand ! De son temps, c'était encore plus beau !
O quel destin ! — Pourtant cette tombe est la sienne !
Tout est-il donc si peu que ce soit là qu'on vienne ?
Quoi donc, avoir été prince, empereur et roi !
Avoir été colosse et tout dépassé ! Quoi !
Vivant, pour piédestal avoir eu l'Allemagne !
Quoi ! pour titre César et pour nom Charlemagne ! —
Avoir été plus grand qu'Annibal, qu'Attila,
Aussi grand que le monde !... et que tout tienne là[1] !

1. Victor Hugo, *Hernani*, acte IV, scène II.

GUTENBERG

IMPRIMERIE NATIONALE

Il est des grands esprits dont les services rendus à l'humanité sont si éclatants, qu'ils peuvent être revendiqués par toutes les nations sans qu'on tienne compte des frontières ni de l'amour-propre de terroir. On citerait de nombreux exemples, à commencer par les philosophes de l'antiquité qui sont connus et vénérés dans les deux mondes au même titre que les illustrations littéraires et musicales de nos jours. Exaltons et saluons le génie d'où qu'il vienne ; transmettons aux générations futures le respect qu'on lui doit.

Christophe Colomb a une renommée tellement universelle qu'on oublie presque qu'il est Portugais, et Gutenberg réunit à ce point sur son nom l'admiration de tous, qu'on ne se préoccupe plus de savoir qui il est ni d'où il sort. C'est ce sentiment qui a fait élever à Paris une statue à Gutenberg, dans la cour d'honneur de l'Imprimerie nationale.

Mayence lui avait donné le jour vers 1400, mais une ville chère à nos cœurs, Strasbourg, devait, grâce à des circonstances politiques qui l'avaient obligé à quitter sa cité natale, avoir l'honneur, vers 1436, d'être le théâtre de la glorieuse découverte de l'imprimerie. Peu importe quelle part revient dans cette découverte à des associés commanditaires et à un concurrent hollandais; si les archéologues discutent sur une question de détail, de date ou de nom rival, il est avéré que c'est bien à Gutenberg qu'on doit la découverte de la lettre mobile et métallique, base de la véritable imprimerie des temps modernes, et de *la presse*. Il est non moins certain que son premier ouvrage imprimé, *la Bible*, parut en 1456. Voilà le point capital intéressant pour l'histoire.

Mayence, fière de son concitoyen, lui a élevé une statue en 1837 sur une de ses places publiques, et l'étranger de passage ne manque pas de l'admirer : il suffit de dire qu'elle est signée Thorwaldsen. En 1840, la ville de Strasbourg, célébrant les fêtes du quatrième centenaire de Gutenberg, lui érigeait à son tour une statue exécutée par David d'Angers.

A quelque temps de là, M. Martin du Nord, garde des sceaux, ayant trouvé fort belle l'œuvre de David d'Angers, émit l'idée d'en faire monter une reproduction en plâtre dans le vestibule d'entrée de l'Imprimerie nationale. Très favorablement accueillie par le directeur de l'Imprimerie nationale d'alors, M. Vernoy de Saint-Georges, parent du célèbre librettiste, se faisant d'ailleurs en cela l'interprète du monde des imprimeurs et des lettrés, l'idée ne reçut son exécution que quelques années plus tard, après que les pourparlers et toutes les formalités d'usage eurent été achevés. Dans un rapport au garde des sceaux en date du 29 août 1851, M. Vernoy de Saint-Georges combattit le choix du vestibule comme emplacement, vu les dimensions restreintes du local. Après avoir exposé qu'une reproduction en plâtre se détériorerait à l'air libre, il propose une statue de fonte, et indique comme seul emplacement convenable la cour d'honneur : « Là, dit-il, placée aux yeux de tous, elle sera un public et perpétuel hommage rendu à la mémoire de celui qui, en trouvant le moyen de donner un corps à la pensée pour la multiplier et la propager, a ouvert à l'intelligence des voies immenses[1]. »

Le ministre se décida. Gutenberg fut coulé en fonte de fer, sous la direction de l'ingénieur mécanicien Calla. Le piédestal et l'ensemble du monument étaient confiés à l'architecte Destailleur. La première pierre en fut posée avec solennité le 25 octobre 1851.

Gutenberg est représenté debout, coiffé d'une sorte de bonnet carré, tel qu'on en voit dans les tableaux d'Holbein. Il est vêtu d'une longue robe pareille à celle d'Erasme le docteur; sa physionomie aux yeux profonds et à longue barbe, comme celle de L'Hôpital, reflète une vaste pensée. On retrouve dans le faire de la statuaire cette vigueur et cette énergie qui caractérisent le talent de David d'Angers. De David égale-

1. Extrait du dossier officiel, Imprimerie nationale.

ment sont les curieux bas-reliefs décorant le piédestal.

L'un d'eux rassemble dans une sorte de concile libertaire tous les philosophes et orateurs illustres qui ont combattu pour l'abolition de l'esclavage. Parmi les Français, on voit au premier rang Condorcet et l'abbé Grégoire. Si imparfaite que soit la reproduction de ces bas-reliefs, on distingue la physionomie de chacun des grands hommes avec le caractère de leur traits. Le sculpteur a voulu associer à la mémoire de Gutenberg dont la découverte a été le moyen civilisateur par excellence, cette grande idée que, par l'imprimerie, le monde vogue à

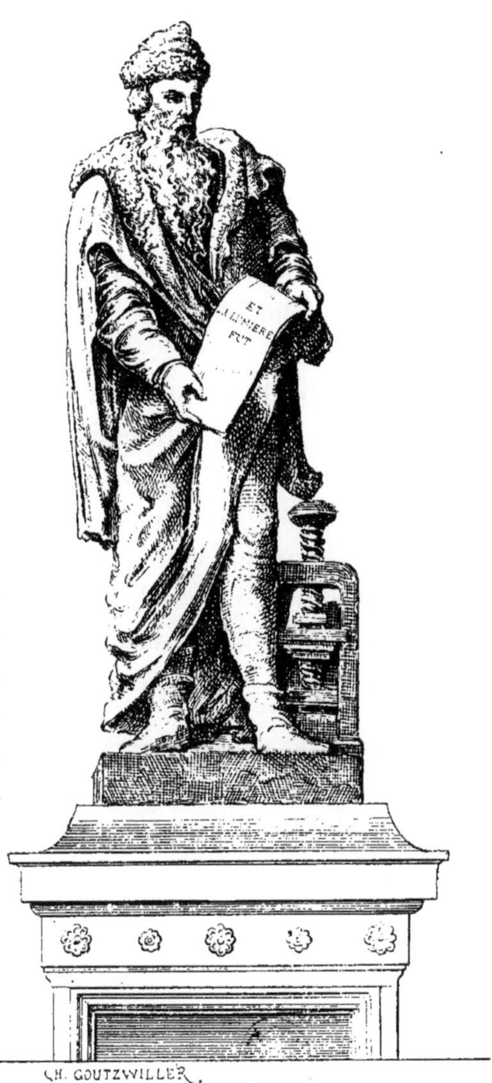

GUTENBERG. 1400-1468

pleines voiles vers la liberté. — Un autre bas-relief a trait à l'indépendance américaine. On reconnaît Franklin, entouré de Washington, de Lafayette, de Jefferson, etc., présentant au Congrès la charte d'émancipation qui vient d'être imprimée. — Enfin, le troisième tableau représente la typographie orientale distribuant aux radjahs de l'Inde et aux chefs de tribus de l'Afrique des traités imprimés dans leurs langues.

Cette dernière pensée est comme une allusion au degré de perfectionnement et à l'habileté insigne qu'obtiennent les ouvriers de la première imprimerie du monde, de composer des ouvrages dans tous les idiomes. Gutenberg, par sa découverte, avait mis cette facilité à la portée de l'avenir, et celui-ci reconnaissant a étendu, jusque dans les contrées les plus lointaines, les rayons lumineux de ce bienfait.

JEANNE D'ARC

PLACE DES PYRAMIDES

L'histoire n'offre rien de plus saisissant et de plus poétique que la vie et la mort de Jeanne d'Arc. Le rôle surnaturel de cette jeune fille demande sans doute, pour être compris, quelque effort à la pensée d'un siècle qui, comme le nôtre, tend à marquer l'antipode de toutes les idées du moyen âge, mais il devient facile à apprécier si l'on se refait par l'imagination une atmosphère comme celle où l'on vivait en 1430. Cette manière de juger l'histoire, en tenant compte de l'état des esprits lors des événements, est la seule qui soit réellement impartiale; malheureusement on l'a souvent oubliée de nos jours.

Pour Jeanne d'Arc, toutefois, il est à remarquer que le dénigrement s'arrête devant la noblesse et je dirais aussi la sainteté d'une mission providentielle. Ce but final, qui s'appelle la délivrance de la patrie, a fait taire toutes les animosités de secte que n'auraient pas manqué de déchaîner les moyens miraculeux par lesquels Jeanne a été marquée comme une prédestinée. — Le culte de Jeanne d'Arc est resté pur de toute attaque grossière venant des Français, et cette attitude pleine de convenance ne laisse pas de frapper dans une nation, hélas! si divisée. Que les Anglais aient cherché à faire passer l'héroïne pour une hallucinée, on s'en étonnera peu, ils sont dans leur rôle ; les Français ne seraient pas dans le leur s'ils ne savaient respecter les gloires nationales et en cultiver le souvenir. Le culte des héros d'un pays est la marque indélébile de son patriotisme.

Pour comprendre l'intérêt de l'histoire de Jeanne d'Arc et les hommages que reçoit sa mémoire, il convient de rappeler sommairement son rôle. A l'époque où elle naquit, vers 1409, plusieurs provinces de France étaient soumises à la domination anglaise, y compris Paris. A cette occupation étrangère honteuse s'ajoutaient les misères des dissensions civiles. Le pays était partagé en deux camps tranchés : d'un côté, les partisans d'une monarchie chancelante dans la personne du dauphin Charles VII à qui Henri V, roi d'Angleterre, disputait le trône pour son fils déjà proclamé roi ; de l'autre, une partie de la noblesse et de la bourgeoisie dévouée aux envahisseurs.

« Tous les signes avant-coureurs de la mort d'une nation, dit un historien, semblent donc annoncer que la fin de la France est proche : toutes les forces politiques et sociales sont dissoutes ; la royauté, épuisée par cinquante ans de démence, n'est plus même capable de mourir avec gloire ; la noblesse, précipitée de défaite en défaite par son téméraire orgueil et par

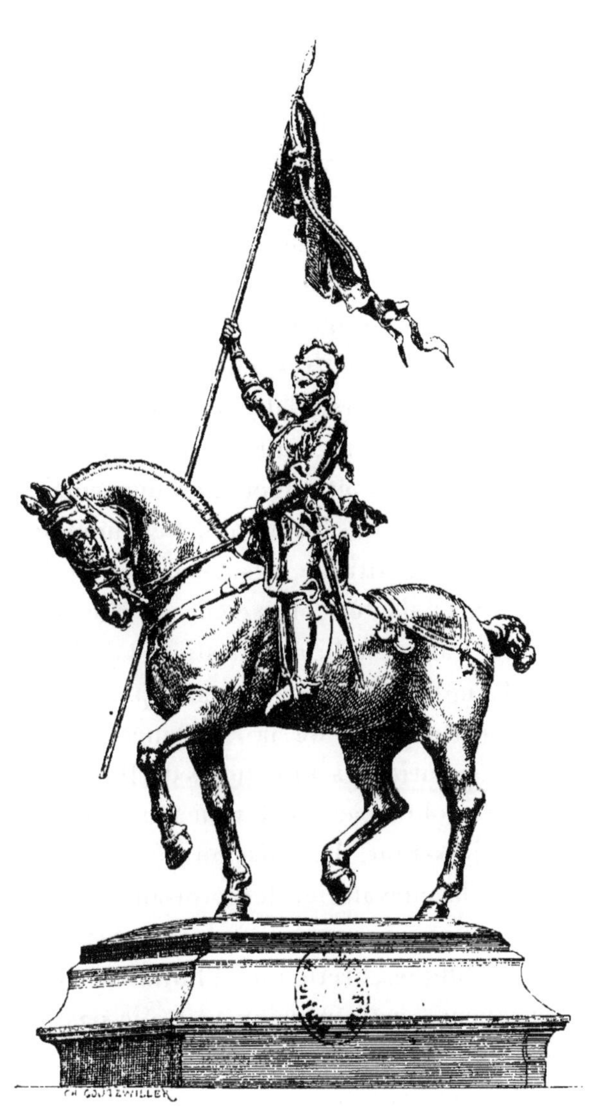

JEANNE D'ARC. 1409-1431

son esprit de désordre, a passé d'une présomption fatale à un abattement plus fatal encore. Le clergé gallican, dépouillé, par ses fautes, de la domination qu'il avait exercée jadis sur les esprits, s'est laissé annuler dans la lutte des deux peuples, et n'a pas su prendre dans la défense le rôle que le clergé anglais a pris dans l'attaque : il n'a que des vœux impuissants à offrir à la monarchie très chrétienne; encore sa cohorte sacrée, l'Université de Paris, désertée de ses plus grands et de ses meilleurs champions, encense-t-elle lâchement le roi étranger. La bourgeoisie elle-même, la couche la plus profonde, l'élément le plus vital de la nation politique, a succombé moralement à son tour; Paris, la tête et le cœur du Tiers-État et de la France, Paris a failli aux destinées de la patrie, Paris subit l'Anglais. Orléans ne peut plus que clore en périssant cette phase de la résistance bourgeoise ouverte par les glorieuses infortunes de Harfleur et de Rouen, et qu'anoblir par un dévouement infructueux la chute du Tiers-État. La mission du grand peuple qui a enfanté la chevalerie, les croisades, la poésie, les arts du moyen âge, qui a été durant des siècles le lien de la république chrétienne, l'initiateur du mouvement européen, cette mission va-t-elle passer à un peuple nouveau? L'Angleterre le proclame et l'Europe commence à le croire[1]. »

L'heure est solennelle, la France périclite; la na-

1. Henri Martin, t. VI, p. 133.

tion entière est menacée d'esclavage. Soudain, du fond de la campagne lorraine apparaît une vierge libératrice, sorte de « Messie féminin ». Poussée par des voix intérieures qui, à mesure que son rôle se dessine, lui indiquent la marche à suivre, Jeanne d'Arc s'arrache au foyer paternel, revêt une armure et se rend à Vaucouleurs auprès du gouverneur qu'elle parvient à convaincre par ses paroles inspirées; de là gagne la Loire et Gien où se trouve Charles VII et sa cour. Malgré les intrigues et la malveillance de certains grands seigneurs, aidée par le cri populaire et son don de divination qui lui fait reconnaître le roi, Jeanne vainc toutes les résistances et prend rang parmi les chefs de l'armée.

On sait tout ce qu'elle fit devant Orléans, et ce que valut à la France le prestige attaché aux armes de cette jeune paysanne. A la tête des Français dans l'assaut des remparts de la ville, atteinte profondément à la poitrine, elle arrache elle-même le trait de sa blessure, tandis que sa bannière reste plantée sur le bastion. Un instant les Anglais sont sur le point de s'en emparer: elle s'élance alors sur son cheval et galope vers le boulevard. A sa voix l'Anglais frissonne, les Français redoublent d'audace, les Orléanais à l'intérieur reprennent courage et jettent des solives sur le pont. Jeanne alors se précipite avec sa troupe, Orléans est délivrée.

L'alliance de Richemont, duc de Bretagne, et la

valeur des Lahire et des Dunois contribuèrent également à relever la gloire des armes françaises.

Reprenant le cours de ses succès, Jeanne est victorieuse à Patay et conduit le roi à Reims, où elle le fait sacrer. Son dernier vœu était de lui rendre Paris.

Malheureusement la population de Paris était entretenue par toutes sortes de moyens dans l'esprit de soumission au roi d'Angleterre; on s'efforçait d'épouvanter le peuple sur ce qu'il avait à attendre du retour des Armagnacs; on représentait le roi comme un tyran altéré de vengeance, et la Pucelle comme un démon « en forme de femme ». On ajoutait que le roi voulait, après la prise de la ville s'il y réussissait, la détruire et faire passer la charrue sur son sol.

Jeanne vainquit enfin les lenteurs de Charles VII, qui ne se décidait pas à venir en personne animer le courage de ses troupes. Tandis qu'il s'acheminait vers Saint-Denis, elle-même et l'armée attaquaient la ville du côté de la porte Saint-Honoré. C'est cet endroit précis que la ville de Paris a choisi pour placer la statue équestre de l'héroïne, dans l'attitude du guerrier au milieu de l'action. Les remparts de Paris en effet à cette époque et de ce côté s'arrêtaient à la place des Pyramides.

On donna l'assaut. Un gentilhomme dauphinois, Saint-Vallier, mit le feu à la barrière et au boulevard de la porte Saint-Honoré. Jeanne prit son étendard, s'élança dans la mêlée et y « gagna l'épée » d'un homme d'armes ennemi. Le boulevard fut emporté d'emblée. Jeanne passa le premier fossé de la place qui était à sec, escalada le « dos d'âne » qui le séparait du second fossé, et somma les assiégés de se rendre. Comme à Orléans on ne lui répondit que des injures. — Alors elle vint sonder le fossé et ne cessa d'exhorter les soldats de ne pas quitter l'entreprise et d'aller quérir partout du bois et des bourrées pour le combler. Elle comptait sur les bons Français de l'intérieur de la ville, dont les tentations de soulèvement furent vaines, et sur la présence aux remparts du roi qui en demeura éloigné. Bientôt blessée à la cuisse par un trait d'arbalète elle s'affaissa. Sa mise hors de combat affaiblit le courage des assaillants, et comme la nuit approchait, aucun des espoirs de Jeanne ne se réalisant, on dut se retirer.

C'était aux Parisiens qu'était réservé l'honneur de chasser plus tard l'étranger de leur ville. Après que Jeanne, faite prisonnière à Compiègne, eut été jugée, condamnée et brûlée vive à Rouen par les Anglais, en 1436, les Parisiens tombèrent à l'improviste sur l'ennemi qui dut fuir définitivement. La rentrée triomphante de Charles dans sa capitale répara les désastres d'Azincourt. Quant au supplice de sa jeune libératrice, il imprima aux armes anglaises une de ces taches que les victoires n'effacent pas.

La ville de Paris, intimement liée à l'histoire de l'héroïne nationale, lui devait une statue. — Si Paris ne fut pas délivré par la Pucelle, c'est moins à sa valeur qu'au manque des circonstances favorables destinées à la seconder, que l'entreprise échoua. La bravoure de Jeanne avait été de la partie.

Pour rappeler ce noble fait de sa vie, un comité se forma en 1874, à Paris même, pour élever le monument. L'exécution en fut confiée au statuaire Frémiet. On fut vite d'accord sur l'emplacement; comme nous le disions plus haut, c'est à l'endroit même où Jeanne montait à l'assaut des remparts, qu'est située la place actuelle des Pyramides.

Comprise dans le plan de la rue de Rivoli, cette place fut tracée à l'endroit où se trouvaient les anciennes écuries du roi, et son exécution ne fut achevée que que dans les premières années de la Restauration. Son nom lui vient de la célèbre bataille de 1798 gagnée dans la plaine de Ghizeh, devant les Pyramides, par l'armée française sur les Mameloucks alors maîtres de l'Égypte.

L'auteur du monument a certes bien compris les dimensions à donner à son œuvre, sur une place d'une étendue peu importante; mais je ne sais si sa Jeanne d'Arc ne pèche pas un peu par la maigreur. Frêle, et d'une apparence d'enfant dont la croissance n'est pas achevée, montée sur un cheval sans doute véridique selon l'histoire, mais en art d'un modelé et d'une corpulence trop campagnarde, contrastant avec son cavalier, cette Jeanne d'Arc est à coup sûr une habile restitution de la réalité, mais manque d'ampleur. Une telle recherche de la vérité savante a peut-être nui à la grandeur de la conception. Par surcroît, le piédestal est d'un modèle assez bas et mesquin, et ne contribue guère à relever l'effet général. Cette œuvre fait néanmoins grand honneur à l'artiste, car il nous a intéressé dans sa reconstitution à l'épisode essentiellement patriotique du siège de Paris de 1429.

BERNARD PALISSY

SQUARE SAINT-GERMAIN-DES-PRÉS

Bernard Palissy est un des artistes du moyen âge qui font le plus d'honneur à la France. A l'heure où les arts industriels sont l'objet de la part du gouvernement d'une protection inconnue jusqu'alors, le nom de Bernard Palissy revient volontiers à la pensée. Son art est, pour ainsi dire, né avec lui et a disparu avec lui. C'est de nos jours seulement qu'on a retrouvé un procédé d'imitation assez réussi, susceptible de donner une véritable illusion.

Né vers 1510 dans un petit village du Périgord, il dut, pour vivre, se faire peintre de sujets sur vitraux. Cet état, en l'initiant aux principes du dessin et aux manipulations chimiques, alluma chez lui une double passion pour les arts et pour les sciences naturelles. Il étudia les arts dans les œuvres des maîtres italiens, les seuls alors en renom ; puis, son état de verrier étant devenu soudain improductif par suite d'une concurrence très répandue, il cultiva la géométrie, et obtint dans le pays qu'il habitait une réputation comme habile « leveur de plans ».

Mais bientôt son esprit, avide de découvertes, ne tarde pas à élargir son cercle de connaissances. Il l'applique dès lors à des observations constantes sur la composition des couches terrestres. Pour tâcher d'éclaircir les doutes qui lui restaient, aussi bien que pour obtenir la confirmation matérielle du système qu'il avait déjà édifié, il se mit à voyager : le résultat de ses voyages fut la création d'une théorie qui, après avoir longtemps fait sourire les plus grands esprits, ne devait pas moins former, dit M. Paul Lacroix auquel nous empruntons ces détails, la première assise des principes qui sont aujourd'hui considérés comme les bases de la science géologique moderne.

Ces premières et hasardeuses tentatives, dans une voie nouvelle couronnée de succès, lui donnèrent à coup sûr une satisfaction morale; mais son état de gêne matérielle, augmenté par l'accroissement de famille, continuait. Voici comment il s'exprime lui-même sur cette partie de sa vie; son récit a toute la saveur du langage populaire du seizième siècle :

« Sache qu'il y a vingt-cinq ans passés, il me fut montré une coupe de terre tournée et émaillée, d'une telle beauté, que dès lors j'entrai en dispute avec ma propre pensée, en me remémorant plusieurs propos qu'aucuns m'avaient tenus, en se moquant de moi, lorsque je peindais les images. Or, voyant que l'on commençait à les délaisser au pays de mon habitation et aussi que la vitrerie n'avait pas grande requête (n'était pas fort demandée), je vais penser, que si j'avais trouvé l'invention de faire des émaux, je pourrais faire des vaisseaux de terre et autres choses de belle ordonnance, parce que Dieu m'avait donné d'entendre quelque chose de la pourtraiture (peinture de la céramique), et dès lors, sans avoir aucun égard que je n'avais nulle connaissance des terres argileuses, je me mis à chercher les émaux, comme un homme qui tâte en ténèbres. »

Il mit seize ans à découvrir le secret des émaux italiens, de 1539 à 1555. A cette époque les fabriques de la péninsule avaient toute suprématie dans cet art si élégant des majoliques et des émaux. Pendant seize ans, cet infatigable lutteur, que ne découragent ni la faim, ni la maladie, ni la calomnie, ni l'insuccès, travaille et cherche avec opiniâtreté. Sa foi ne l'abandonne jamais. Il installe un fourneau dans sa propre maison, et comme un alchimiste toujours plein d'espoir, il pile et mélange les substances, soumettant les débris de terre au feu des verriers, prenant à ses gages un ouvrier potier, à qui, faute d'argent, il se voit une fois obligé de donner en payement ses propres habits; tournant seul, pour broyer ses matériaux, un moulin qui exigeait ordinairement la force « de deux puissants hommes ». Que lui importe de se déchirer les doigts en reconstruisant son four, que le feu avait fait éclater, et dont le mortier et la brique s'étaient « liquéfiés et vitrifiés » ! Que lui importe, comme il le raconte lui-même dans ce langage si naïf et si touchant, d'être obligé pendant plusieurs jours de « manger son potage ayant les doigts enveloppés de drapeaux » ; de pousser la conscience et le zèle du chercheur jusqu'à tomber sans connaissance quand il s'aperçoit qu'une fournée sur laquelle il avait compté présente de nombreux défauts ; de détruire en dépit du besoin d'argent, et bien qu'on lui en offre un certain prix, des pièces qui, n'étant pas d'une parfaite venue, auraient pu causer « décriement et rabaissement à son honneur » ; enfin, de briser et de jeter dans le feu, à défaut d'autre combustible, le plancher de sa maison et de son pauvre ménage ! Tout cela, il en fait le sacrifice à son art, parce qu'il veut découvrir le secret des émaux. Rien ne lui

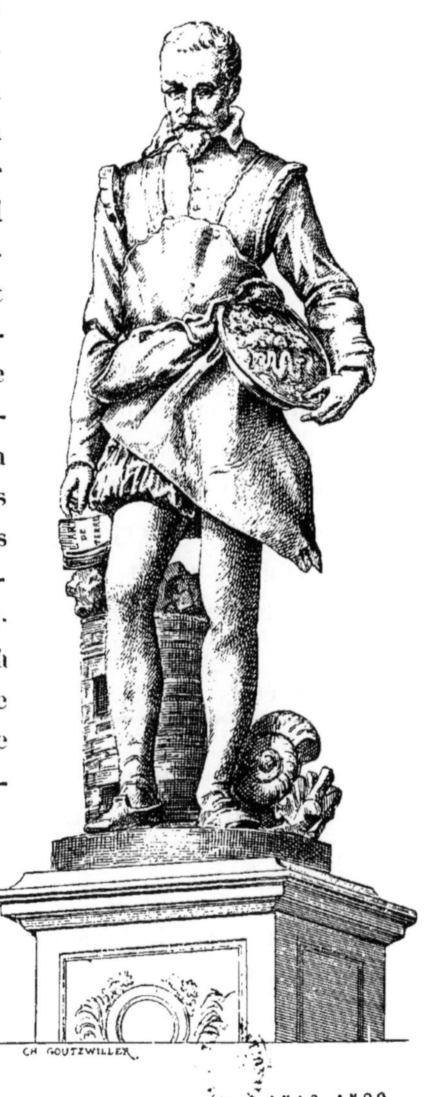

BERNARD PALISSY. 1510-1589

coûte pour arriver à ce but si patiemment poursuivi, si chèrement, mais aussi si glorieusement acquis.

Palissy représente le type suracheve de l'homme laborieux. Quand l'amour du travail et la persévérance atteignent ces hauteurs, on peut dire du caractère qui les enfante, qu'il est héroïque. Et, dans son *Art de terre*, auquel nous avons déjà fait de si curieux emprunts, Palissy raconte tous les déboires qui l'accueillaient : « On se moquait de moi, et même ceux qui me devaient secourir (il entend par là les gens de sa famille, sa femme, ses enfants, qui n'étaient pas pénétrés aussi fortement que lui de la foi en son œuvre) s'en allaient crier par la ville que je faisais brûler le plancher, et par tels moyens me faisaient perdre mon crédit, et m'estimait-on être fou.... Les autres disaient que je cherchais à faire la fausse monnaie.... M'en allais par les rues, tout baissé, honteux. J'étais endetté en plusieurs lieux, et avais ordinairement deux enfants aux nourrices, ne pouvant payer leurs salaires. Tous se moquaient de moi, en disant : « Il lui appartient bien de mourir de faim, « parce qu'il délaisse son métier. »

Et de bonne foi, il faut en convenir, lorsqu'on se reporte à l'esprit de l'époque, et qu'on se figure le bon sens populaire, ces on-dit étaient fort naturels. Voir un homme, qui abandonne l'état de verrier pour s'enfermer des années entières dans une chambrette au milieu des instruments et des argiles, maigrir sur un travail improductif, se priver de tout, n'était-ce pas s'exposer à être traité de fou, ou, avec plus de respect, d'alchimiste?

Ailleurs il dit encore : « J'ai été plusieurs années que, n'ayant rien de quoi faire couvrir mes fourneaux, j'étais toutes les nuits à la merci des pluies et vents, sans avoir aucun secours, aide ni consolation, sinon des chats-huants qui chantaient d'un côté, et les chiens qui hurlaient de l'autre... Me suis trouvé plusieurs fois qu'ayant tout quitté, n'ayant rien de sec sur moi, à cause des pluies qui étaient tombées, je m'en allais coucher à la minuit ou au point du jour, accoutré de telle sorte, comme un homme qu'on aurait traîné par tous les bourbiers de la ville, et m'en allant ainsi retirer, j'allais bricolant (titubant), sans chandelle, et tombant d'un côté et d'autre, comme un homme qui serait ivre de vin, rempli de grandes tristesses, d'autant qu'après avoir longuement travaillé je voyais mon labeur perdu. » Et le tableau si noir de ses souffrances, tracé de sa propre main, continue de cette façon jusqu'au jour où éclate la découverte de son génie.

Le ciseau du sculpteur Barrias a saisi Palissy dans cette période si éloquente par elle-même de sa vie, et il nous a tracé avec talent la physionomie du verrier, songeur et réfléchi, poursuivant le problème toujours entrevu et si long à résoudre. La tête est sensiblement penchée vers le corps et médite; un grand tablier de cuir couvre le potier, qui de la main droite s'appuie sur un creuset, et de la gauche tient un de ces plats en céramique ornementé, si admirables par leur beauté plastique et leur composition mouvementée. Trois idées se dégagent de l'œuvre de M. Barrias : dans la tête, la pensée qui cherche et trouve le problème; dans l'instrument de travail, le levier par lequel on produit; enfin, dans l'objet d'art, le fruit combiné de la pensée et de l'instrument.

Il faut louer M. Barrias d'avoir compris ainsi le caractère de son héros, qui restera éternellement remarquable par son énergie non moins que par les résultats de sa découverte. Les promeneurs de Boulogne-sur-Seine verront, devant la mairie de cette charmante localité des environs de Paris, l'original dont le square Saint-Germain-des-Prés a la reproduction. Placée sur un piédestal bas et mesquin, la statue, qui méritait mieux, nous charme et nous émeut. Voilà bien sous cet élégant costume de la Renaissance, immortalisé par les mignons d'Henri III, ce fier travailleur, miné par la fièvre. Il renaît élégant sous l'enveloppe et digne de pitié par la souffrante expression de son visage. Ses traits fins, joints à sa haute taille, nous rappellent également d'une façon suffisante l'image d'ensemble des contemporains de la Saint-Barthélemy, de cette époque tragique et frondeuse, où les hommes n'avaient de fierté et de paroles que pour se provoquer et pour se battre.

Bientôt enfin à la longue période de misère succède

le triomphe. Bien que calviniste, il est présenté au connétable de Montmorency, et distingué par ce grand seigneur, jaloux de protéger sa liberté. Grâce à lui et à ses beaux travaux, Palissy est bientôt connu du roi, qui lui donne le titre d'*inventeur des rustiques figulines du roi et de la reine-mère* (Henri II et Catherine de Médicis). Logé aux Tuileries, il ne tarde pas à occuper la renommée non seulement comme potier, mais comme savant chimiste et géologue. Il s'intitule alors *maître Bernard des Thuilleries*. En construisant le nouveau Louvre, les architectes ont mis à jour les restes de son atelier, et des découvertes à cet endroit de fragments de poteries très artistiques, décrites par Bernard lui-même, ont enlevé toute espèce de doute à cet égard.

L'énumération de toutes les formes charmantes que Palissy a données à la terre émaillée serait trop longue. Qu'il nous suffise de dire qu'il a composé avec une habileté de modeleur et de dessinateur sans pareils, avec une richesse de couleurs égale à l'élégance des reliefs, une quantité d'ouvrages que contenaient, avant la Révolution, les châteaux de Nesles, de Chaulnes, des Tuileries et d'Écouen, habitation de son protecteur.

Les musées principaux de Londres et de Paris, quelques riches collections particulières, nous ont conservé des vestiges de l'art du grand potier. Malheureusement, ce siècle, qui pour les arts a été le plus déconcertant des imitateurs, est arrivé à reproduire si finement les émaux et les plats du potier de Saintes qu'on s'y trompe comme à plaisir, et que leur dépôt de vieille date dans les musées est souvent la seule garantie sérieuse d'authenticité.

L'admiration universelle qu'excite Palissy est la récompense de cette opiniâtreté au travail et de cet amour de la nature qu'il caractérisait lui-même si bien dans ces paroles mémorables inscrites désormais dans l'histoire : *Je n'ai pas eu d'autre livre que le ciel et la terre, lequel est connu de tous, et est donné à tous de connaître et de lire ce beau livre.*

HENRI IV

PONT-NEUF

Quatre ans après que le poignard de Ravaillac eut enlevé son plus cruel ennemi à la maison d'Autriche, et à la France le *Restaurateur* de son prestige et de son bien-être, en 1614, la régente, Marie de Médicis, éleva sur le terre-plein du Pont-Neuf, qui venait d'être terminé, une statue équestre à son illustre époux.

Le cheval de bronze qui portait le Béarnais avait eu de bizarres aventures. Commandé par Ferdinand, duc de Toscane, pour sa propre statue, au sculpteur Jean de Bologne; donné, après la mort du duc, par Cosme de Médicis, à la régente de France, Marie de Médicis, fille de Ferdinand; naufragé sur les côtes de Normandie, laissé un an au fond de la mer, ce cheval fut enfin repêché et amené à Paris où on le destina à porter une statue du roi Henri IV.

Aux coins du piédestal figuraient quatre esclaves de bronze, que les anciennes gravures représentent les mains liées derrière le dos. On peut en voir de semblables aujourd'hui encore à Livourne autour de la statue du même grand-duc Ferdinand, œuvre de Tacca. Ce rapprochement de dates, de personnages et de circonstances méritait d'être signalé.

Quoi qu'il en soit, pendant près de deux siècles, le bon roi Henri, du haut de sa haquenée de bronze placée si bien à l'avant de la cité, put contempler à l'aise le spectacle de sa capitale qu'il avait conquise au prix du double sacrifice du sang et de la religion. Si Paris valait bien une messe pour le Béarnais, celui-ci valait bien une statue pour son rôle glorieux.

Tour à tour guerrier heureux et malheureux, pacificateur habile, puis roi doué d'une énergie nécessaire, il prépare les voies à Richelieu et à Louis XIV, en rétablissant l'autorité royale méconnue des grands, en relevant, avec son précieux Sully, l'agriculture et le commerce, et en aidant par lui-même l'industrie. Il ajoute à la France les provinces de Bugey et de Bresse et s'allie à la puissante maison des Médicis dans la personne d'une femme d'une beauté altière et de goûts magnifiques.

« Seul roi de qui le pauvre ait gardé la mémoire, » Henri IV devait rester populaire, car il a du Français les qualités et les travers. Cœur généreux et brave, il fait passer du pain aux Parisiens qu'il assiège et met l'honneur de son règne à ce que, dans chaque ménage, on mange la « poule au pot le dimanche », image familière attestant une sollicitude pleine d'amour pour son peuple, qui le surnomma le bon roi.

Le Pont-Neuf avec ses spectacles pittoresques, que nous ont conservés dans leurs estampes curieuses les

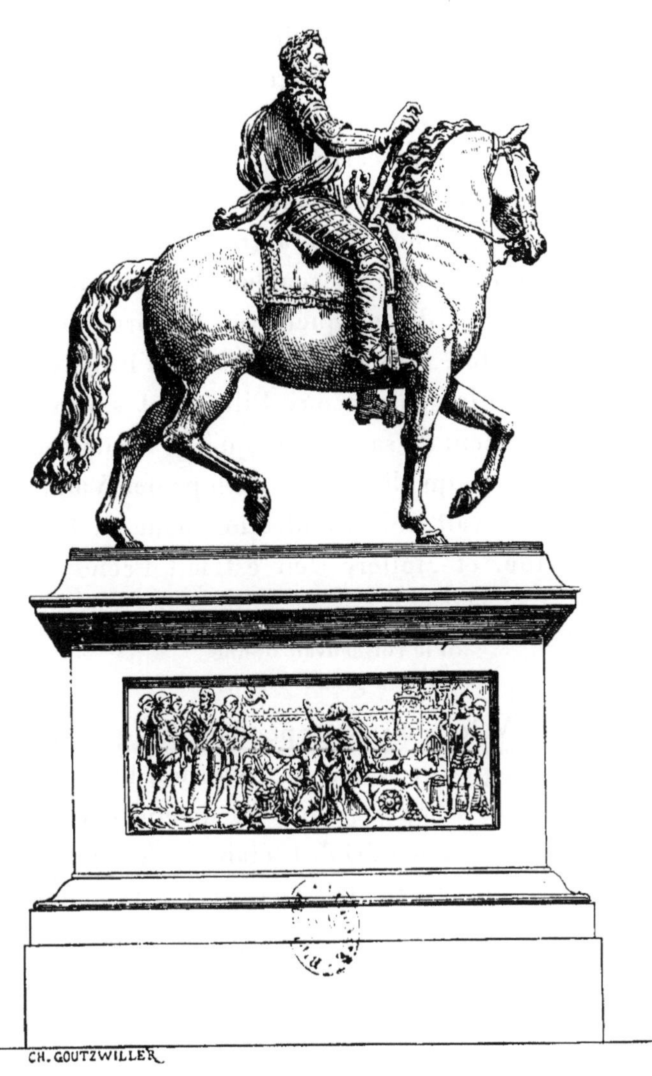

HENRI IV. 1553-1610

graveurs et les peintres du dix-huitième siècle, les de la Belle, les Mérian et les Raguenet, a toujours possédé la statue de ce grand Parisien, dont la tête planait fièrement au-dessus des carrosses des marquis comme des échoppes des petits marchands et des saltimbanques.

Comment qualifier d'un autre nom que de *grand Parisien* ce roi qui, non seulement, trouvait le loisir de guerroyer et de conquérir au dehors, de signer l'édit de Nantes, mais encore bâtissait l'Hôtel de Ville à la place de la Maison aux Piliers, et s'occupait si particulièrement de sa capitale qu'il la rendait méconnaissable de ce qu'elle était du temps des Valois ?

Henri IV avait une prédilection pour sa bonne et grande ville, et Molière s'en est fait l'écho dans le couplet d'Alceste :

Si le roi m'avait donné
Paris sa grand' ville...

Sous les Valois, en effet, pendant les guerres de la rivalité d'Angleterre et de la Réforme, Paris avait eu besoin de ses remparts pour se défendre contre un ennemi sans cesse en éveil. C'était une véritable place de guerre qui comptait, pour ainsi dire, autant de sièges que de règnes. Celui qu'elle soutint contre Henri IV fut le dernier, et la grande ville n'en devait revoir qu'un plus terrible encore, en 1870.

Sous Henri IV on entrait à Paris par seize portes fortifiées de tours. Au delà de ces seize portes étaient autant de faubourgs, dont plusieurs furent ruinés pendant le siège. Six ponts, dont quelques-uns étaient surchargés de constructions, servaient de communication d'une rive de la Seine à l'autre : le pont Notre-Dame, le Petit-Pont, le pont au Change, le pont Saint-Michel, le pont Marchand et le Pont-Neuf.

Ce dernier, le plus beau des ponts de Paris, par ses proportions et son style romain, est intimement lié par les souvenirs à l'histoire de la statue d'Henri IV qui en forme le couronnement. Commencé en 1578 par Androuet du Cerceau sous le règne d'Henri III, il fut achevé en 1604, quinzième année du règne de Henri le Grand, par Guillaume Marchand. Ce pont célèbre est composé de deux parties inégales qui se réunissent à l'extrémité de l'île de la Cité. L'esplanade formée par le point de jonction de ces deux parties est avec l'île un des points de Paris les plus en vue, et ouvrant aux yeux les perspectives les plus étendues sur les deux bras de la Seine. Elle était naturellement indiquée pour l'emplacement d'un monument.

La construction du Pont-Neuf entraîna celle des deux quais de l'Horloge et des Orfèvres qui, auparavant, se composaient uniquement de maçonneries irrégulières et d'ouvrages en bois. On perça en outre la rue Dauphine.

Digne continuateur des plans de Philippe-Auguste et de François Ier, Henri IV n'améliora pas cette seule partie de la ville. Avant lui, il n'y avait à Paris que des enclos ou des carrefours dont les potences, les échelles et les croix faisaient tout l'ornement. De là viennent les noms de clos Saint Lazare, de rue de l'Echelle, Croix-des-Petits-Champs, etc. Le bon roi construisit aussi la place Dauphine et la place Royale; cette dernière est restée encore assez intacte aujourd'hui pour que nous la jugions avec son caractère original. Enfin, plusieurs rues n'étaient pas encore pavées : en général, elles étaient fort étroites, surtout au centre de la ville; on n'y pouvait pénétrer en voiture. Elles furent élargies et améliorées.

Inspiré par son sage ministre et par son cœur, Henri IV fit beaucoup pour l'industrie parisienne. Il protégea les manufactures et en établit dans les galeries du Louvre et à la place Royale. Sous son règne et sous sa protection s'éleva, quai de Billy, la manufacture de tapis façon de Perse, appelée plus tard « la Savonnerie, » et qui atteignit une si grande perfection au commencement de notre siècle.

On comprendra donc désormais pourquoi Henri IV, au point de vue municipal, mérite une belle place au soleil en plein Paris.

Quand vint la Révolution, en 1789, le peuple éprouva le singulier caprice d'obliger les gens qui passaient en équipage à descendre de leur voiture et à s'agenouiller devant la statue. Le duc d'Orléans se fit infliger cette génuflexion.

La même année, un architecte du nom de Gisors, ancien pensionnaire du roi à Rome, le même qui fut plus tard chargé des travaux de la salle de la Convention aux Tuileries, compléta le plan d'un monument dédié à la gloire de Louis XVI, en face la statue d'Henri IV, et qu'il avait élaboré dès 1787. En face d'Henri le Grand devaient s'élever une statue équestre de Louis XVI, à peu près dans le même style, et, par derrière, un temple à colonnes corinthiennes, décoré d'un portique rehaussé de deux corniches dans un pur style grec, avec médaillons, statues et bas-reliefs. Le fin burin de Berthault nous a conservé, dans une estampe fort rare, ce projet, qui ne fut, d'ailleurs, jamais exécuté.

Mais la Révolution, qui faisait le procès à la monarchie et à ses abus séculaires, n'admit pas de circonstances atténuantes pour Henri IV, et, malgré les qualités, le niveau intellectuel élevé de ce prince, comparativement à celui des Valois et de ses prédécesseurs, elle se souvint de ses inconséquences et de ses sévérités, de ses lits de justice, de l'assemblée de Rouen, de son décret des galères pour avoir tué un lapin, des excès commis par la noblesse, et de l'édit de Nantes avec ses restrictions dangereuses. L'Henri IV du Pont-Neuf fut condamné et démoli en effigie.

En 1792, au moment où la patrie fut déclarée en danger, la statue fut renversée et envoyée à la fonderie pour faire des canons contre l'étranger, destination que le Béarnais n'eût peut-être pas répudiée. A la place on éleva un amphithéâtre d'enrôlements volontaires, et, plus tard, on y mit le canon d'alarme, qui y resta plusieurs années.

En l'an VI, l'architecte Poyet, connu pour avoir débarrassé les ponts de Paris des maisons qu'on y avait construites, proposa au Corps législatif les plans d'une colonne à ériger aux Victoires nationales sur le terre-plein du Pont-Neuf. On ne donna pas suite à ce projet.

L'emplacement de la statue resta vide durant le Consulat et les premières années de l'Empire, attendant une destination. Enfin, en novembre 1809, après la campagne d'Autriche, Napoléon décrète l'érection sur le terre-plein du Pont-Neuf, vis-à-vis la place Dauphine où s'élevait le monument de Desaix, d'un obélisque de 120 pieds, en granit, avec des bas-reliefs, des inscriptions, des statues, en mémoire de la conquête de l'Allemagne. Le programme de ce travail fut mis au concours par le ministre de l'intérieur, mais il ne produisit pas autant d'enthousiasme que l'avait fait le monument de la Victoire pour l'achèvement de la Madeleine. Dix projets seulement furent présentés ; celui de Chalgrin réunit les suffrages de la commission comme étant le plus simple et le plus exécutable. Le second projet le plus remarqué fut celui de l'architecte Poyet, qui avait fait du soubassement une immense cascade d'eau.

Les fondations du nouvel obélisque de la grande armée commençaient à sortir de terre lorsque les événements politiques vinrent arrêter sa construction.

On avait, il est vrai, poussé davantage d'autres travaux, et celui-ci avançait très lentement, car il avait fallu tout d'abord reconstruire et décorer dans le style du pont l'entablement du terre-plein, travail fort long d'exécution.

En 1814 pourtant, le piédestal était achevé quand les alliés parurent sous les murs de Paris. L'obélisque avait vécu. Louis XVIII décréta la réinstallation de son aïeul sur le Pont-Neuf, et cette restauration du Béarnais eut lieu selon le bon plaisir du monarque et sur l'heure. On mit en place une statue d'Henri IV, modelée en plâtre par le célèbre sculpteur Lemot, et qui reproduisait, à peu de chose près, l'antique statue de 1614. Cette maquette figura au Pont-Neuf jusqu'en 1818, année où elle fut coulée définitivement en bronze.

C'est donc le modèle en plâtre de ladite statue que vit Louis XVIII en 1814, le jour où il se rendit à Notre-Dame peu après son entrée dans Paris. A en juger par les gravures du temps, le vieux monarque fut l'objet au Pont-Neuf, devant la statue de son aïeul, d'une ovation enthousiaste. On le représente lourdement assis dans une berline découverte, ayant à ses côtés l'infortunée fille de son frère Louis XVI, la duchesse d'Angoulême. Une estrade, qui précède un temple grec avec des trépieds portant des brûle-parfums, est dressée : une musique s'y fait entendre, des jeunes filles jettent des fleurs, un ballon monté par un émule de Blanchard et décoré d'un grand lis blanc s'élève dans les airs; le peuple, qui en a vu bien d'autres, regarde, plus distrait qu'étonné; seuls, les vieux grenadiers de Napoléon, d'escorte autour de la voiture royale, paraissent mornes et irrités. Ils préféreraient sans doute recevoir une blessure devant l'ennemi qu'assister à ce retour des Bourbons.

Louis-Philippe et Napoléon III ne firent aucun changement sur le terre-plein du Pont-Neuf. Dans le plan des grands projets de transformation de Paris élaboré par le baron Haussmann, les anciennes maisons des quais des Orfèvres et de l'Horloge, entièrement défigurées par les siècles, d'ailleurs assez décrépites, devaient tomber et faire place à d'élégants portiques peu élevés entourant la place Dauphine jusqu'au Palais de Justice, laissant voir la grandiose façade de l'architecte Duc.

Ce projet eût eu, en outre, l'avantage de découvrir non seulement le Palais de Justice et de former depuis le Pont-Royal une perspective monumentale aux yeux, mais la statue d'Henri IV elle-même aurait été soulignée avec toute sa valeur et se serait profilée également dans le ciel, ajoutant à l'ornement de cette disposition. On peut juger de l'aspect décoratif obtenu par l'effet superbe que produit aujourd'hui la statue de Louis XIV, place des Victoires, depuis l'ouverture de la rue Etienne-Marcel.

Il est probable que la reprise de ce plan n'est qu'une affaire de temps et qu'un avenir prochain nous permettra d'en admirer les heureuses dispositions.

La statue équestre d'Henri IV, œuvre de Lemot, le célèbre sculpteur à qui l'on doit, entre autres œuvres, le fronton du Louvre devant Saint-Germain-l'Auxerrois, la statue de Louis XIV de la place Bellecour à Lyon, des bas-reliefs au Corps législatif, etc., offre un modelé et une perfection de détails dignes d'éloges.

Les bas-reliefs de côté du piédestal représentent : le premier, Henri IV faisant passer des vivres aux Parisiens assiégés, et, le second, l'entrée du roi dans Paris. L'un et l'autre sont traités avec un grand respect de l'observation historique. Sur la face du piédestal regardant la place Dauphine on lit cette inscription gravée dans le marbre :

HENRICI MAGNI
PATERNO IN POPULUM ANIMO
NOTISSIMI PRINCIPIS
SACRAM EFFIGIEM
CIVILES INTER TUMULTUS
GALLIA INDIGNANTE DILECTAM
POST OPTATUM LUDOVICI XVIII REDITUM
EX OMNIBUS ORDINIBUS CIVES
ÆRE COLLATO RESTITUERUNT
NEC NON ET ELOGIUM
CUM EFFIGIE SIMUL ABOLITUM
LAPIDI RURSUS INSCRIBI DIE XXV
CURAVERUNT MDCCCXVIII
D. D. MENS AUG.

LOUIS XIII

PLACE DES VOSGES

Il est impossible de donner l'historique de la statue élevée par Richelieu à Louis XIII au centre de la place Royale, sans rappeler sommairement ici ce que fut cette place et quel rôle elle joue dans l'histoire de Paris. C'est sur l'emplacement de l'hôtel des Tournelles, à jamais regretté par tous les archéologues, et si légendaire par les merveilles de son architecture, de ses ornements mobiliers et les scènes historiques dont il fut le théâtre, qu'après sa démolition ordonnée en 1565, Charles IX décréta l'établissement d'une grande place prise sur les terrains de l'hôtel et de son parc. Elle devait d'abord s'appeler place de France, et de tous côtés devaient y aboutir de vastes rues portant les noms des principales provinces du royaume. Quelques rues actuelles du Marais rappellent cette dée.

Henri IV, qui eut à la bâtir, lui donna le nom de place Royale et l'exécuta sur un plan régulier qu'il imposa pour le restant aux associés constructeurs. Commencés en 1605, les travaux furent achevés en 1612. On y logea d'abord des manufactures de drap et de soieries, puis, cette industrie ayant disparu après la mort tragique du roi, la noblesse vint s'y établir. Les grands seigneurs, le haut clergé, les magistrats, les écrivains, les dames de qualité, les beautés à la mode, firent du Marais et de la place Royale leur séjour favori. Les duels, les tournois, les carrousels, les intrigues, la choisirent plus d'une fois pour théâtre, et le lieu, on l'avouera, ne manque ni d'originalité ni de couleur pittoresque. Ses trente cinq pavillons bâtis de pierres et de briques avec leurs arcades larges comme une rue font encore bonne figure au soleil, et je ne sais de décor d'une ordonnance à la fois plus élégante et plus noble à l'œil.

Il plut au cardinal de Richelieu, qui s'appelait lui-même l'*âme des exploits de Louis le Juste*, d'offrir à son roi vassal un hommage digne de mémoire. Louis XIII en cela comme pour le reste, même lorsqu'il s'agissait de faire tomber des têtes, se laissa faire.

Henri IV avait sa statue au Pont-Neuf. Richelieu voulut que le fils d'Henri IV eût aussi la sienne. Ce luxe devint même une habitude royale. Louis XIV se laissa ériger place des Victoires et place Vendôme de son vivant, Louis XV de même, devant les Champs-Élysées, Louis XVI et XVII n'en eurent pas le loisir, et Louis XVIII, plus modeste ou plus spirituel, se contenta de rétablir ses aïeux sur les places publiques.

Richelieu éleva donc sur la place Royale une statue à son prince et pupille, et on l'inaugura le 27 septembre 1639. Sur un piédestal de marbre blanc piaffait un cheval de bronze, qu'enfourchait lourdement un colossal cavalier d'airain, «allongeant, dit Sauval, un bâton de commandement au bout d'un vilain bras, coiffé d'un panache grotesque, et ressemblant moins au roi qu'à un Turc ». Le cheval était de Daniel Ricciarelli de Volterre, disciple de Michel-Ange; le cavalier était sculpté par Biard. Peu de temps après l'érection de la statue, le bâton de commandement du roi se détacha, et dans ces temps superstitieux plus d'un y vit un épigramme contre un prince qui régnait si peu,

L'hommage du cardinal se compléta par des inscriptions à la louange de Louis XIII et de son premier ministre. On pouvait lire, en effet, ce curieux sonnet sur l'une des faces du piédestal :

Que ne peut la vertu? que ne peut le courage?
J'ai dompté pour jamais l'hérésie en son fort.
Du Tage impérieux j'ai fait trembler le bord,
Et du Rhin jusqu'à l'Èbre accru mon héritage.

J'ai sauvé par mon bras l'Europe d'esclavage;
Et si tant de travaux n'eussent hâté mon sort,
J'eusse attaqué l'Asie, et, d'un pieux effort,
J'eusse du saint tombeau vengé le long servage.

Armand, le grand Armand, l'âme de mes exploits,
Porta de toutes parts mes armes et mes lois,
Et donna tout l'éclat aux rayons de ma gloire;

Enfin il m'éleva ce pompeux monument,
Où pour rendre à son nom mémoire pour mémoire,
Je veux qu'avec le mien il vive incessamment.

Cette pièce était signée de l'académicien Desmarest de Saint-Sorlin, dans sa jeunesse un des beaux esprits

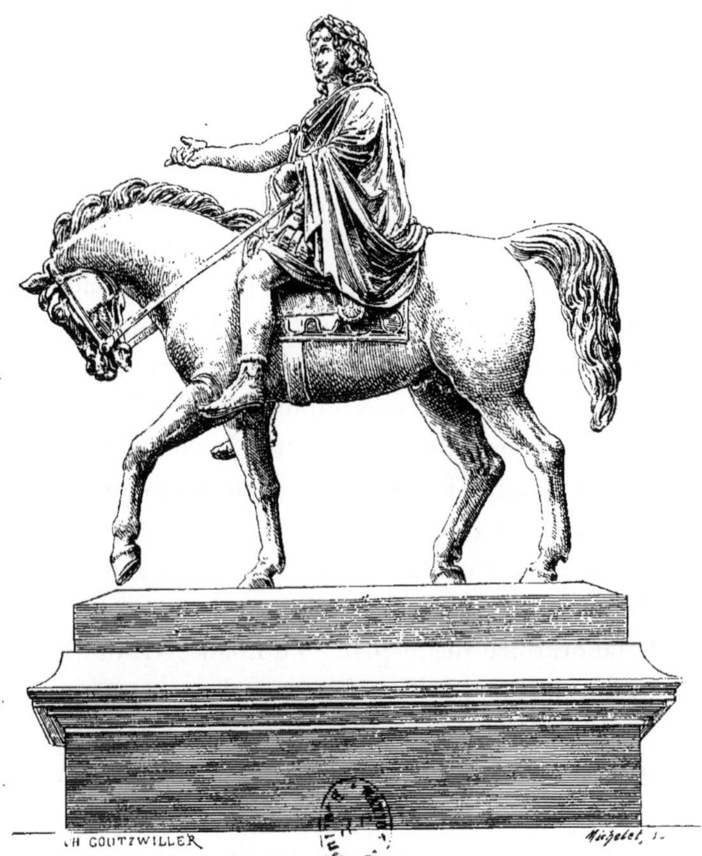

LOUIS XIII. 1601-1643

de l'hôtel de Rambouillet, rimeur à gages du cardinal mais écrivain de peu de goût, mort fou. Son style porte la marque du galimatias.

Richelieu fut satisfait de son monument et davantage encore du lieu par lui choisi. Cette place Royale n'était-elle pas le rendez-vous de la féodalité hivernant au Marais et cette statue ne marquait-elle pas le symbole de l'unité monarchique, et l'autorité souveraine d'un maître dont le sceptre était de bronze ?

Malgré l'ombre projetée sur elle par cet hôte monumental, la place Royale conserva longtemps encore sa radieuse gaieté. Chaque jour sa pelouse, inondée de lumière, était foulée par tout ce que la capitale avait de plus vivant et de plus folâtre, talons rouges, pourpoints de velours et robes à queue. La noblesse l'avait adoptée, la poésie devait à son tour la sacrer. En 1635, Corneille donnait à une de ses premières comédies ce titre : *La Place Royale.*

La place Royale fut au règne de Louis XIV ce qu'avait été le Palais-Royal à la Révolution, le foyer des idées et le laboratoire des esprits. Le Louis XIII de bronze présida toutes ses brillantes et tumultueuses réunions.

En 1682, on ajouta la grille pour remplacer les barrières de bois, et le jardin fut planté l'année suivante. La grille coûta trente-cinq mille livres aux trente-cinq propriétaires des pavillons riverains. Elle était ornée de superbes écussons de Bourbon avec l'effigie du roi.

La splendeur de la place Royale finit avec la Révolution : le peuple l'envahit en 1789, démolissant les écussons et mettant bas le Louis XIII, chef-d'œuvre d'un artiste de la Renaissance. Le piédestal où le cardinal a fait graver son éloge subit le même sort. Plus de royauté, mais l'égalité qui nivelle tout à ras du sol. La place Royale devint sous la Convention la place de l'*Indivisibilité* et fut le centre d'une section de la garde nationale.

En l'an IV, le gouvernement décréta un concours pour l'érection, sur la place ci-devant Louis XIII, d'une statue allégorique de l'Indivisibilité. L'architecte Detournelle, aidé du peintre et dessinateur Caraffe, présenta un projet de monument consacré à l'Hymen dont le trait nous a été conservé. Sur un piédestal carré, décoré de bas-reliefs et élevé sur une estrade de pierre flanquée de brûle-parfums antiques, l'Hymen, sous les traits d'un homme et d'une femme vêtus de péplums et portant sur leurs épaules un joug autour duquel s'enroulent des guirlandes, se regarde avec la simplicité que donne une conscience libre. Ce projet et ce concours n'eurent pas de suite.

Sous le Consulat, la place Royale s'appela place des Vosges et reçut dans les premières années de l'Empire une fontaine monumentale pour décoration. Au retour des Bourbons elle ne redevint pas seulement royale par le nom, mais par le rétablissement d'une statue de Louis XIII rappelant autant que possible l'originale du temps de Richelieu. Son exécution en marbre blanc confiée en 1816 au talent de Dupaty ne fut achevée

4

qu'en 1821 par Cortot, car la maladie empêcha Dupaty de mener lui-même son œuvre à fin. Cette statue, discutable au point de vue artisque, n'a pas moins de 13 pieds 6 pouces de proportion. Son travail est d'une correction et d'un fini soigné, habituels à l'école du début de ce siècle.

Pour corriger la nudité de la place Royale sur ses angles, on y ajouta quatre fontaines et un quinconce. Depuis lors, cette célèbre promenade a traversé les gouvernements divers sans encombre; elle est redevenue place des Vosges avec la République, et seuls les ébats joyeux des bandes d'enfants alternant avec les sifflets des moineaux animent cet emplacement dont l'ensemble a gardé un si beau caractère. Deux fois par semaine en été, la musique d'un régiment de ligne ou de la garde républicaine attire les honnêtes bourgeois du Marais, commerçants et petits rentiers fidèles à ce quartier, dont la physionomie conserve quelque chose de patriarcal.

MOLIÈRE

RUE RICHELIEU

Si Molière, poète et prosateur dramatique, a été goûté de son vivant comme comédien, homme d'esprit et aussi comme philosophe, il faut dire, à la louange de notre époque, qu'il n'a jamais été mieux apprécié ni compris qu'aujourd'hui. Il éprouva bien des difficultés avant d'être admis à jouer devant le roi, mais dès que Louis XIV l'eut applaudi, il devint l'auteur favori de la cour et de la ville. C'était un aimable homme, bon directeur de troupe, faisant rire aux dépens de plus d'une noble compagnie, censurant les écarts de mœurs et de langage dans une action toujours intéressante, mais on ne le prenait pas encore pour un maître. Les préjugés de l'époque lui refusèrent, de son vivant, une place à l'Académie et, à l'heure de sa mort, un tombeau, car après trois jours d'attente on l'enterrait à la dérobée, sans le moindre honneur, sans même les prières d'usage. Le roi ingrat ne daignait pas s'inquiéter de celui qui ne pouvait plus l'amuser.

Avant qu'un peu de terre obtenue par prière
Pour jamais sous la tombe eût enfermé Molière,
Mille de ses beaux traits aujourd'hui si vantés

Furent des sots esprits à nos yeux rebutés.
. . . .
Mais sitôt que d'un trait de ses fatales mains
La Parque l'eut rayé du nombre des humains,
On reconnut le prix de sa muse éclipsée.
L'aimable comédie avec lui terrassée
En vain d'un coup si rude espéra revenir,
Et sur ses brodequins ne put plus se tenir[1].

La gloire qui arrive tard n'est pas toujours la moins bien venue. Molière est aujourd'hui mis à sa véritable place parmi nos grands écrivains. « Il est après La Fontaine, dit Jules Janin, le poète français le plus célèbre et le plus aimé. Il appartient à cette race éclatante et féconde des Aristophane, des Ménandre, Térence, Plaute, Cervantès, Shakespeare et Rabelais. Le rire est leur domaine; ils s'emparent triomphalement de la correction des mœurs; ils sont tout à la fois des sages et des écrivains, et ce fut la plus juste admiration du dix-septième siècle, de trouver que Molière était un poète à côté de Racine, et non loin de Despréaux, un prosateur comparable à Pascal. Par Montaigne et par Rabelais, l'auteur des *Précieuses ridicules* appartient aux derniers jours du seizième siècle. Il a lu Marot et Regnier, comme il a lu les *Lettres provinciales*. Il eut ensuite ce grand bonheur de commencer avec Louis XIV, profitant de la jeunesse du roi, de ses loisirs, de ses amours. »

Fils d'un valet de chambre tapissier du roi, pourvu

1. Boileau, Épître VII, *Sur l'utilité des ennemis*, dédiée à Racine.

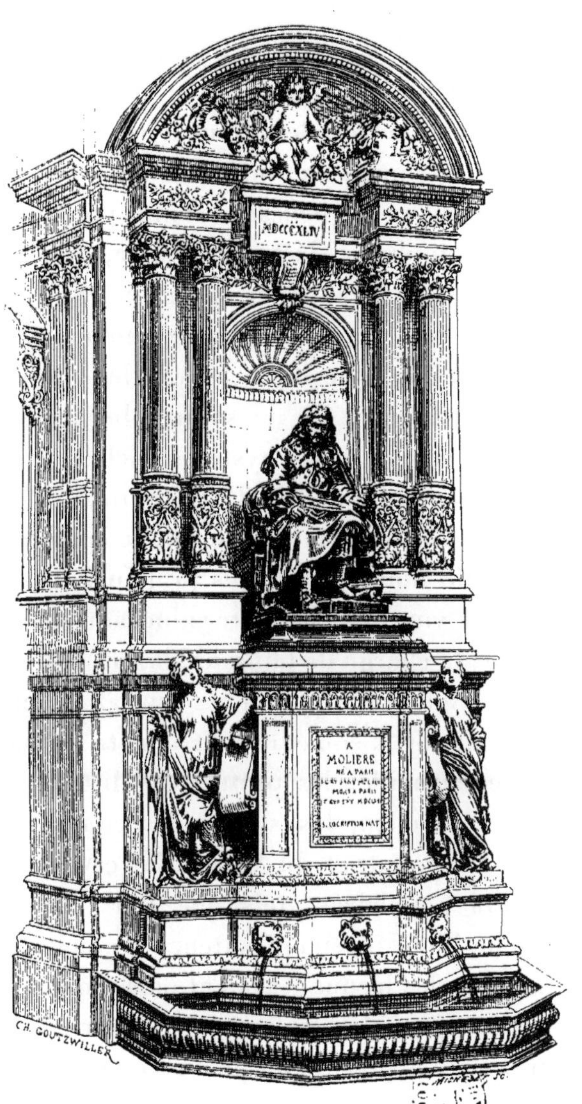

MOLIÈRE. 1622-1673

de fortune, et appartenant à la bonne bourgeoisie de Paris, le jeune Poquelin fut mis au collège de Clermont pour y faire ses études. Doué d'une intelligence peu commune, il apprit en cinq ans à comprendre les auteurs anciens vers lesquels se portait le plus son imagination : Aristophane, Térence, Plaute, et c'est en les méditant qu'il devina sa vocation. Son esprit d'observation, son sens profond des hommes, firent le reste. Nul mieux que lui ne voyait les choses par leurs différentes faces et ne savait plus facilement lire au fond des cœurs les mystères cachés, les passions innocentes ou coupables. Il avait retiré des leçons de son maître Gassendi une philosophie épicurienne, aimable et utile dont il suivit les principes dans tout le cours de sa vie. Ses études terminées, il succéda à son père dans la charge de tapissier du roi, et ne tarda pas à trouver que son esprit et ses aspirations étaient ailleurs. Le goût de la comédie était alors très répandu. Le génie de Corneille, les prétentions littéraires du cardinal de Richelieu, les succès des comédiens de l'hôtel de Bourgogne et du Marais, la verve de quelques farceurs populaires, tels que Bary, Orviétan, Scaramouche (dont plusieurs auteurs prétendent que Poquelin reçut des leçons), avaient puissamment contribué à mettre en grande faveur les divertissements du théâtre. Un des plaisirs les plus à la mode dans les sociétés bourgeoises était de jouer la comédie. Molière entra alors dans une troupe de jeunes gens qui faisaient du théâtre pour se divertir. Son amour passionné de la scène, son entente pour l'organisation, l'en rendirent bientôt le chef.

La troupe se mit à voyager en France et à jouer des petites comédies ou grosses farces dont les titres seuls ont été retrouvés sur les registres du temps, ce sont entre autres : *le Maître d'école*, *la Jalousie de Barbouillé*, *le Docteur amoureux*, *le Médecin volant*, etc. Elles contenaient çà et là de bonnes scènes que Molière replacera postérieurement dans des pièces plus importantes. Ce ne fut qu'à Lyon et à Béziers, en 1653 et en 1656, qu'il fit paraître et jouer ses deux premières comédies en vers et en cinq actes dignes d'être remarquées : *l'Etourdi* et *le Dépit amoureux*. On y admira et on y admire toujours les saillies d'une vérité plaisante, des traits de caractère bien saisis et une verve déjà puissante et naturelle dans le dialogue.

Cet essai, que Molière avait fait de son talent d'auteur et de comédien, sur les petites scènes de la province, et le succès qui y répondit, l'encouragèrent à se rapprocher de Paris, où, à la suite de la pacification générale, le goût des beaux-arts et des lettres s'épurait chaque jour sous la protection d'un roi qui n'y restait pas indifférent. Molière, grâce à l'influence du prince de Conti, gouverneur de Languedoc, qui l'avait distingué, acquit les bonnes grâces de Monsieur, frère du roi ; et en 1658, il obtenait la faveur de jouer devant Louis XIV. Celui-ci, satisfait du talent des acteurs de la troupe et de la pièce qui était *Nicomède* et *le Dépit amoureux*, fit installer les comédiens, en 1660, au Palais-Royal avec le titre de Troupe du Roi, ci-devant de Monsieur, et 7,000 livres de pension.

Il s'écoula moins de quinze années depuis ce retour définitif de Molière à Paris jusqu'à sa mort; et c'est dans cette courte période que son génie va produire ces ouvrages immortels de verve satirique, d'esprit mordant, de comique plein de naturel qui emportent la pièce.

Est-il besoin de citer parmi les plus célèbres : *les Précieuses ridicules* (1659), *Sganarelle* (1660), *l'Ecole des Maris*, *les Fâcheux*, *l'Ecole des Femmes*, *le Mariage forcé* (1663), *Don Juan* (1665), *l'Amour médecin*, *le Misanthrope* (1666), *le Médecin malgré lui*, *Tartufe* (1667), *Amphitryon*, *l'Avare* (1668), *le Bourgeois gentilhomme* (1670), *les Fourberies de Scapin* (1671), *les Femmes savantes* (1672), *le Malade imaginaire* (1673), etc.?

Il ne composa pas moins de trente ouvrages dramatiques, dont quatorze sont en vers et dont sept de ces derniers ont cinq actes. Nul mieux que Molière n'a su corriger les mœurs de son époque en couvrant leurs exagérations d'un ridicule franc et vrai. Son rire et ses traits atteignent tout le monde sans qualifier personne. Il prend à partie un vice ou un ridicule, le personnifie, lui donne un nom de guerre, et c'est sur les épaules de ce personnage de convention que toute la catégorie des hommes qu'il représente est flagellée. Mais on ne peut nier que, comme un peintre de talent qu'il est, il ne mêle dans sa composition des réminiscences observées sur la nature elle-même, et plus d'un personnage de la cour ou de la ville de son époque s'est retrouvé sur la scène dans ses créations. La Bruyère n'agissait pas autrement, cherchant ses portraits chez les grands et chez les petits. On conçoit quel *tolle* soulevait telle ou telle reproduction de la part de ceux qui se croyaient atteints, et il ne fallut rien moins à Molière que la sympathie de Louis XIV pour obtenir qu'on jouât certaines de ses pièces.

Dans *les Fâcheux*, il emprunte ses types à la cour même du grand roi, et plus d'un s'y reconnaît; dans *les Précieuses ridicules*, il donne le dernier coup à ces sociétés de femmes à la mode ayant érigé l'affectation du beau langage en système du meilleur ton; dans *le Misanthrope*, il puise dans son propre cœur et nous en retrace les tortures et les travers; dans *le Tartufe*, Molière s'attaque aux faux dévots qui pullulaient à cette époque; dans *l'Avare*, à un des vices de tous les temps et de tous les lieux; dans *le Bourgeois gentilhomme*, il met en présence, avec une grande hardiesse, la bourgeoisie ridicule et la noblesse corrompue jusqu'à l'escroquerie. Et ainsi de suite. Voilà pourquoi son théâtre est essentiellement moral.

Qu'il tire ses inspirations des comiques de l'antiquité ou qu'il fasse des emprunts à la comédie italienne, voire même espagnole, qu'il les amalgame avec des observations personnelles très vives et très étudiées, peu nous importe. Ce qui nous frappe dans l'œuvre de Molière c'est un ensemble de qualités telles qu'on y voit de suite la marque d'un esprit supérieur. Ses pièces en vers sont non moins belles de forme que ses comédies en prose. Le style y est alerte, élégant, facile et simple. N'est-ce pas à Molière que Despréaux, dédiant sa satire II, adresse ce délicat hommage :

> Rare et fameux esprit dont la fertile veine
> Ignore en écrivant le travail et la peine,
> Pour qui tient Apollon tous ses trésors ouverts,
> Et qui sais à quel coin se marquent les bons vers,
> Dans les combats d'esprit savant maître d'escrime,
> Enseigne-moi, Molière, où tu trouves la rime.

Ce beau langage détonnait sur les productions du règne précédent. C'était toute une révolution. L'hôtel de Rambouillet, dans ses derniers temps, avait mis à la mode la *préciosité*, et si l'on n'en était plus à l'emphase gasconne de du Bartas, on retombait dans le galimatias élégant et prolixe de Mlle de Scudéry. Corneille, Racine, Boileau et Molière survinrent alors et réformèrent la langue en l'épurant et en la débarrassant du pédantesque, de l'enflure et du mauvais goût.

Homme privé, Molière était aimé de tous ceux qui l'approchaient. Les plus grands esprits du temps étaient, non seulement ses admirateurs, mais ses amis ;

Boileau, particulièrement, recherchait sa société et aimait à le fêter dans sa maison d'Auteuil, avec Chapelle, Racine et La Fontaine. Andrieux nous a mis sur la scène « le fameux souper d'Auteuil » où Molière joua le rôle de modérateur après des libations déraisonnables et empêcha ses amis d'aller se noyer, en leur faisant remarquer que les ténèbres de la nuit convenaient peu à une action si belle, qui leur donnerait le bonheur de mourir promptement. Son esprit naturel, son caractère aimable, éclataient partout, aussi bien dans l'intimité que dans son théâtre. N'est-ce pas victime de sa bonté qu'il tombe suffoqué sur la scène le soir de cette suprême et funeste représentation du *Malade imaginaire?* Il mourut, en effet, à la peine et par dévouement à ses collègues. Malgré les conseils d'amis qui, le voyant très fatigué, le suppliaient d'interrompre la représentation dans laquelle il jouait le principal rôle, Molière n'écoutant que son affection pour ses acteurs, qu'une telle interruption eût atteints dans leurs intérêts, voulut jouer quand même et fut pris, sur la scène, d'une congestion pulmonaire mortelle.

Il succomba cette même nuit du 17 février 1673 dans la maison de la rue Richelieu, située presque en face la fontaine et qu'on a, depuis plusieurs années, dotée d'une inscription gravée sur le marbre. C'est là qu'au sortir de cette funeste représentation on le transporta. Il expira, secouru par deux religieuses, venues à Paris pendant le carême, et auxquelles il donnait l'hospitalité. Il n'avait que cinquante et un ans.

Tel est le grand esprit et l'homme de cœur auquel la ville de Paris a érigé une statue en 1844; aucun ne la méritait plus que lui. L'hommage public était réclamé depuis longtemps pour sa mémoire. Dès 1773, Le Kain avait proposé, mais sans succès, un monument.

Le 6 juillet 1792, les administrateurs d'une section du quartier Montmartre ordonnèrent que les restes de Molière fussent exhumés du cimetière Saint-Joseph, situé rue Montmartre, où on les avait déposés, et qu'ils fussent placés dans un monument. Malheureusement on procéda à cette exhumation si précipitamment, qu'il est douteux qu'on ait recueilli les véritables dépouilles de l'illustre auteur.

Pendant sept années ces restes furent laissés à l'abandon. Après ce délai, M. Alexandre Lenoir obtint l'autorisation de les faire transférer au musée des Petits-Augustins, le 7 mai 1799.

Quand les monuments de ce musée furent dispersés, les restes, qu'on supposait être ceux de Molière, furent transférés au cimetière de l'Est avec le tombeau en pierre qui avait été élevé aux Petits-Augustins.

En 1818, en 1829 et en 1836, on annonça des projets de souscription pour ériger un monument national à l'auteur du *Misanthrope*. Mais ces projets n'eurent pas de suite; cependant ils avaient été généralement approuvés et ils préoccupaient les admirateurs les plus zélés de Molière.

« Dès lors, a dit M. Henri Boulay de la Meurthe, dans son rapport au Conseil municipal de Paris[1], il ne manqua plus qu'une occasion favorable à cette pensée pour qu'elle se réalisât.

« Cette occasion ne tarda pas à s'offrir.

« Le mérite de l'avoir signalée appartient à M. Regnier, un des sociétaires de la Comédie-Française, lequel, dans les premiers jours de mars 1838, demanda au préfet de la Seine que la fontaine au coin des rues Traversière[2] et de Richelieu fût consacrée à Molière, et proposa qu'une statue lui fût érigée en cet endroit par souscription.

« Le préfet ayant accueilli cette proposition avec joie et promis de la soumettre au Conseil municipal, M. Regnier en fit part au comité d'administration du Théâtre-Français, qui s'empressa de s'associer à une initiative prise avec tant d'à-propos.

« Nous approuvons sans réserve, ajoutait le rapporteur, le choix de l'emplacement de cette fontaine monumentale. En face de la maison où mourut Molière, non loin de celle où il naquit et de celles où il demeura, dans le voisinage du lieu où était situé le théâtre sur lequel il exerçait sa profession et près de celui où ses chefs-d'œuvre sont encore représentés chaque jour, ce

1. Séance du 21 juin 1839.

2. Aujourd'hui rue Molière.

monument va s'élever dans des lieux tout pleins de souvenirs du grand homme auquel il sera consacré. »

Une commission de souscription fut aussitôt formée et ne tarda pas à recueillir une somme qui, réunie aux fonds déjà votés par le Conseil municipal pour la reconstruction de la fontaine, s'éleva à 111,000 francs.

Le plan du monument proposé par l'architecte Visconti fut adopté. On sait quel éminent architecte fut Visconti, auteur des fontaines des places Saint-Sulpice, Gaillon et Louvois; le choix ne pouvait donc être meilleur. La partie architecturale du monument est dans le goût d'ornementation du dix-septième siècle. La statue de Molière, en bronze, plus grande que nature, assise dans l'attitude de la méditation, est portée sur un piédestal demi-circulaire, contre lequel sont appuyées deux autres statues, représentant les deux genres de la comédie, l'un gai, l'autre sérieux. Aux soubassements, des mascarons jettent de l'eau dans un bassin occupant la base du monument.

Seurre l'aîné, l'auteur de la statue du grand homme, nous le représente très ressemblant, habillé de ce costume Louis XIV, dont les personnages de son théâtre conserveront toujours le style pompeux. La physionomie est fine, spirituelle et vaguement mélancolique. Il semble que le statuaire ait voulu nous traduire ou les émotions intérieures de ce grand cœur, ou peut-être aussi les traces perçant sur le visage de cette maladie de poitrine qui devait l'emporter. Quoi qu'il en soit le Molière, tel que l'a conçu Seurre l'aîné, est une très belle œuvre digne de figurer parmi les statues publiques les mieux réussies et les mieux senties par l'artiste.

Les deux grandes femmes en pierre, qui complètent l'ornementation sur les côtés du piédestal, représentent l'une la *Muse de la comédie sérieuse*, l'autre la *Muse de la comédie légère*; elles sont dues au ciseau délicat de Pradier, un des plus grands noms de la statuaire française en ce siècle. Leurs mises et leurs mouvements de pose sont d'une grâce inspirée ; au centre du fronton circulaire, un génie sous les traits de ce divin enfant symbole de l'amour, dont Molière nous a montré toutes les nuances et toutes les variétés, couronne le nom du poète. Enfin, sur le piédestal se lit cette simple inscription :

A MOLIÈRE

NÉ A PARIS LE 15 JANVIER 1622

MORT A PARIS LE 17 FÉVRIER 1673

—

SOUSCRIPTION NATIONALE

PASCAL

SQUARE DE LA TOUR-SAINT-JACQUES

Parmi les grands ancêtres de la science qui ont leur statue à Paris, il convient de ne pas omettre Blaise Pascal. On se rappelle sans doute les particularités de l'esprit précoce de Pascal enfant, son application au travail, sa soif ardente de connaître les causes déterminantes des choses, son génie pour la géométrie qui se dévoilait dès l'âge de douze ans. Il nous offre le type d'une organisation humaine extraordinaire, curieuse avant tout des solutions exactes de la science, allant jusqu'à apprendre par intuition la géométrie, renouvelant les propositions d'Euclide. Pascal est par excellence un enfant célèbre, car à seize ans il compose un *Traité des coniques*, qui fit l'étonnement de son contemporain le philosophe Descartes, au point qu'il ne pouvait croire à ce prodige.

A dix-neuf ans il invente la machine d'arithmétique et continue sous la direction de son père, qui y prend un vif plaisir, ses études de latin et de grec. Mais, sa santé ne tardant pas à s'altérer, sous l'influence d'une telle tension d'intelligence, il dut abandonner ses occupations scientifiques, et tourner son esprit vers les pensées religieuses.

Il ne quitta pas pourtant cette première et noble voie sans attacher son nom à des expériences de physique célèbres, sur la pesanteur de l'air. C'est ce souvenir mémorable dans la vie du jeune savant, — il avait alors vingt-trois ans seulement, — que rappelle à la postérité la statue placée au-dessous de la tour Saint-Jacques, ajoutant ainsi à ce curieux monument parisien du style ogival un titre de plus à la vénération publique. On sait, en effet, que c'est du sommet de cette tour, — bien qu'une opinion divergente se prononce pour la tour de l'église Saint-Jacques-du-Haut-Pas, alors sa paroisse, — qu'en 1653, Pascal renouvela les expériences déjà faites par lui en 1648 près de Clermont, sa ville natale,

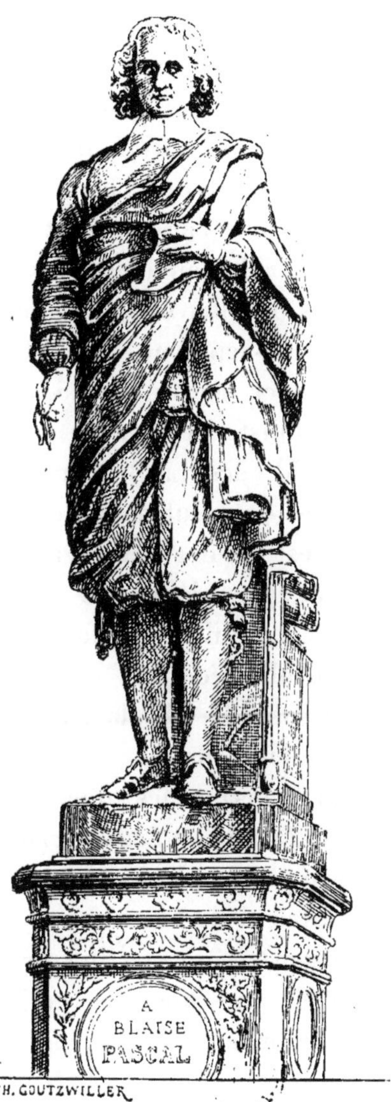

PASCAL. 1623-1662

sur l'impossibilité du vide et la pesanteur de l'air, vérités entrevues par Galilée, par Torricelli, par Descartes et qu'il lui était réservé de faire rayonner.

Si l'association ingénieuse de la statue de Pascal à la tour Saint-Jacques marque la consécration d'expériences éminemment utiles à la science, l'hommage doit aller au delà dans notre esprit. Pascal n'est-il pas en effet une des gloires littéraires de la France du dix-septième siècle ? Penseur profond, rêvant d'appliquer à ses pensées l'exactitude mathématique, moraliste de premier ordre, émule des La Rochefoucauld, des La Bruyère et des Vauvenargues, Pascal n'est pas seulement le rénovateur de la géométrie, il est un des génies à qui la langue française doit son épanouissement.

Quand il vit ses forces physiques décroître, la mélancolie s'empara de son esprit et lui fit rechercher la solitude. Il alla s'enfermer à Port-Royal afin d'y étudier dans le silence. C'est dans ce lieu célèbre qu'épousant les doctrines jansénistes, il composa ses fameuses *Lettres provinciales* contre les jésuites, pamphlet religieux où sont renfermées toutes les sortes d'éloquence. Ses *Pensées*, dont le christianisme sévère est l'inspirateur, offrent aux philosophes, aux hommes politiques et aux théologiens, voire même aux simples lettrés, des jouissances pures et délicates tout ensemble. Aussi, le nom de Pascal est-il gravé sur le livre d'or des écrivains marquants du règne de Louis XIV. L'homme n'avait eu qu'une courte existence. Pascal en effet expirait en 1662, à peine âgé de trente-neuf ans.

La statue, œuvre de M. Cavelier, apparaît noble et froide au centre inférieur de la tour Saint-Jacques, sous une voûte ogivale. Le grand savant est placé de façon à regarder la rue à laquelle a été donné le nom de Nicolas Flamel, le plus célèbre paroissien de l'antique église. Le Pascal de pierre de M. Cavelier, chef de file de toutes les statues de saints replacées sur la tour lors de la grande restauration de 1853, n'est plus maintenant que le témoin obligé des jeux d'enfants au milieu du square où s'élève l'altier vestige du temple; et là où jadis montaient vers le ciel les chants des fidèles ou les gémissements de la place de Grève, on n'entend guère sous la feuillée, à défaut de cloches disparues, que les gazouillis d'oiseaux mêlés au brouhaha des bruits de la ville.

LOUIS XIV

PLACE DES VICTOIRES

Le quartier où est située la place des Victoires est un de ceux qui durent leur amélioration au règne de Louis XIV, car ses édifices principaux, dont plusieurs subsistent encore, datent de l'époque du Roi-Soleil. Le comte de Toulouse eut le mérite de terminer et de décorer le bel hôtel de La Vrillière, commencé en 1620 par Mansart; non loin de là, vers la rue Vivienne, s'élevaient les somptueuses habitations du duc de Penthièvre, de Colbert, de de Lionne et de Mazarin.

A l'endroit qu'occupe aujourd'hui la place des Victoires, exista jusqu'au milieu du dix-septième siècle un quartier désert et mal famé, où il n'était, paraît-il, pas bon de sortir la bourse garnie. On y volait en plein jour, malgré la proximité de demeures importantes et notamment de l'hôtel de Ferté-Senneterre. La rue voisine, contemporaine de ces faits, qui porte le nom de *Vide-Gousset*, nous apporte comme le parfum de cette petite forêt de Bondy.

Heureusement pour cette partie de Paris, figurait alors parmi les grands seigneurs, caracolant autour du grand roi, un certain duc de La Feuillade, que ses exploits guerriers, remarqués du souverain, avaient peu à peu contribué à élever aux grades de maréchal et de gouverneur de la province du Dauphiné.

La Feuillade qui, entre autres vertus, avait celle de la reconnaissance pour le dispensateur de sa fortune, voulut par un hommage de haute flatterie, bien dans l'esprit de l'époque, offrir une statue de bronze à son maître. Ayant acheté des terrains dans ce vilain quartier, il en fit régulariser les abords et chargea Hardouin Mansart d'élever des constructions d'un style uniforme autour d'un emplacement de vaste dimension. Puis, comme il n'était pas grand seigneur à demi, sitôt les travaux terminés, il commanda une statue du roi et donna au quartier le nom de *place des Victoires*, pour perpétuer le souvenir de sa gloire militaire. Le roi ne s'était déjà pas oublié lui-même : il avait ordonné que sa statue équestre marquât le centre de la place Vendôme, et que celle-ci prît le nom de *place des Conquêtes*. La Feuillade, pour obtenir une variante, fit tailler une statue pédestre.

« Ce monument, détruit à la Révolution, se composait d'un groupe en bronze doré, œuvre de Vanden Bogaert, dit Desjardins, représentant Louis couronné par la Victoire ; le piédestal était décoré de bas-reliefs retraçant les grandes actions royales jusqu'à la paix de Nimègue, et de quatre figures colossales de nations vaincues. Autour de ce groupe, étaient quatre colonnes de marbre portant quatre fanaux destinés à l'éclairage. »

L'inauguration solennelle eut lieu en 1686. Entre autres bizarreries on vit La Feuillade décrire trois tours à cheval à la tête du régiment des gardes, avec toutes les prosternations que les païens faisaient autrefois devant les statues de leurs empereurs. La flatterie sembla épuiser ses abaissements. On brûlait de l'encens devant l'idole, on s'agenouillait. « J'y étais, dit Saint-Simon, et je conclus, par les bassesses dont je fus témoin, que si le roi avait voulu se faire adorer, il aurait trouvé des adorateurs. »

A la Révolution, quelques jours avant la Fédération du 14 juillet, les figures des nations vaincues furent portées à l'hôtel des Invalides, dont elles ornent encore la façade. La place des Victoires s'adjoignit désormais le qualificatif de *Nationales*, et on substitua, après le 10 août, à la statue du tyran, une pyramide en bois peint en porphyre rouge, due aux dessins de l'architecte Poyet, et portant sur ses faces, suivant les uns, les noms des départements, et ceux des hommes morts aux Tuileries; suivant les autres, et plus vraisemblablement les noms des départements et les victoires remportées par les armées françaises.

Au concours public ouvert en l'an III (1795) par le gouvernement pour la décoration définitive de cette place, le prix fut obtenu par l'architecte Sobre. La même idée que celle du monument provisoire, de rap-

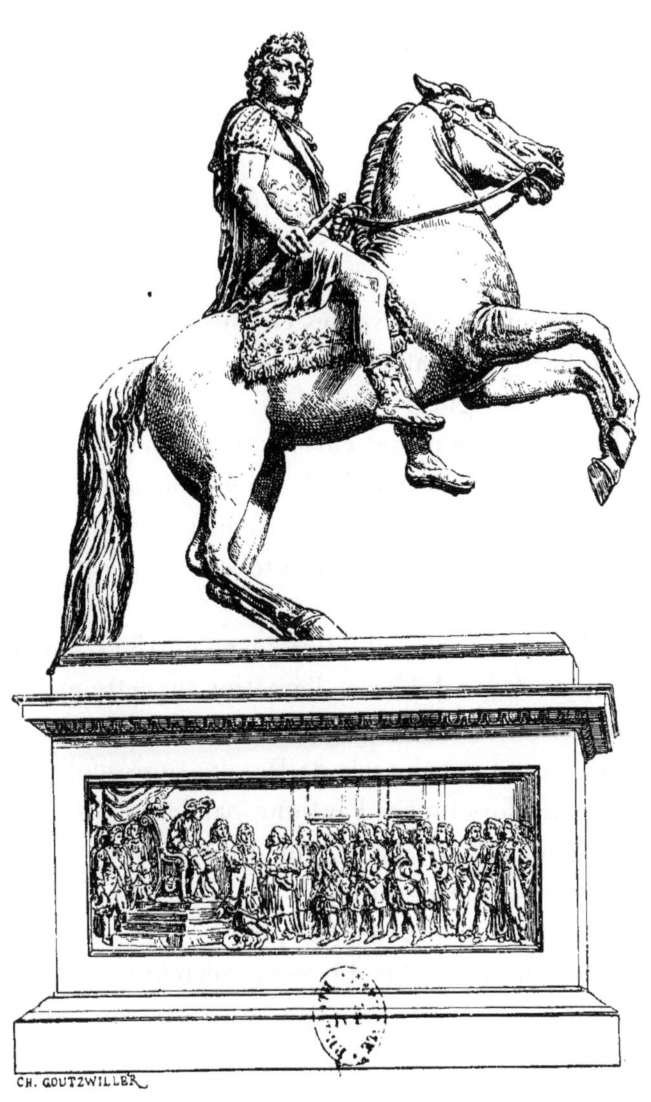

LOUIS XIV. 1638-1715

peler les noms des héros français morts pour la défense de leur pays, entrait dans le programme. Sobre avait imaginé, comme corps principal du monument, un sarcophage supporté par quatre éléphants. Ce sarcophage contenant les cendres chères à la patrie était couronné par un obélisque sur les faces duquel était gravés divers attributs en forme d'hiéroglyphes, pour indiquer le lieu ou les diverses circonstances du combat et de l'action éclatante qui avaient terminé la vie de chacun de ces guerriers.

L'artiste, dont le projet curieux ne fut pas exécuté, s'était inspiré de l'exemple de Rome où les obélisques, ramenés par les légions victorieuses, forment encore une décoration importante sur les places publiques.

Quant à la pyramide, elle dura jusqu'en 1800, année où le premier Consul décréta l'érection sur cette même place d'un monument à la gloire de Desaix, mort à Marengo. La statue colossale de Desaix, représenté nu (car on était alors tout à l'antique par les idées et le caractère), tenant un glaive, fut dressée en 1806; à côté du héros, une pyramide s'élevait portant l'inscription de ses victoires en Egypte.

Un des premiers actes du gouvernement de la Restauration fut de détruire l'impudique et trop républicain Desaix, et de rétablir Louis XIV. Dès 1816, un modèle en plâtre figura le grand roi, jusqu'au jour où la statue actuelle, œuvre de Bosio, fut inaugurée en 1822. L'architecte Alavoine avait été chargé du piédestal.

Le mouvement du cheval et la statue du roi présentent un caractère de fierté triomphante, bien dans la note du sujet. Louis XIV est représenté en Achille ou en Mars; son costume est sobre et simplifié. Il a chaussé le cothurne, et sa tête laurée, très altière, semble regarder et fixer le soleil comme l'aigle. D'Apollon il semble avoir pris la beauté, et de Mars l'attitude hautaine. C'est bien là celui pour qui l'inscription latine commence par ces mots :

LUDOVICO DECIMO QUARTO

MAXIMOS INTER REGES MAGNO.....

Si les proportions conventionnelles du cheval rappellent un peu trop les coursiers de Lebrun ou de Van der Meulen, l'ensemble a du cachet; le modelé est parfait comme dans toutes les œuvres de cette époque; seuls, les bas-reliefs sont d'une valeur médiocre. Ils représentent : le passage du Rhin, et la remise à Louis XIV par les magistrats de Paris d'une adresse lui donnant le titre de Grand.

On a reproché à tort à la statue une certaine apparence lourde, mais on ne doit pas oublier qu'elle est faite pour être aperçue de loin, et qu'elle doit s'harmoniser avec les constructions environnantes qu'on tend encore à surélever, témoin les deux maisons aux coins de la nouvelle rue Etienne-Marcel.

Cette importante percée met dans toute sa valeur l'œuvre de Bosio, à laquelle on peut comparer, pour la similitude de mouvement et l'ampleur, la statue équestre de Pierre le Grand à Saint-Pétersbourg.

Les constructions de La Feuillade sont devenues depuis le commencement du siècle la proie des maisons de commerce, ainsi que l'attestent les nombreux écriteaux à lettres d'or des façades. A mesure que Paris s'est étendu, le quartier du Sentier a pris une extension en conformité, et c'est ainsi que Louis XIV, l'orgueilleux, se trouve aujourd'hui parqué parmi les marchands.

Au temps de Saint-Simon, la place des Victoires était habitée par des hommes de finance; car, si l'on en croit cet historien, un proverbe parisien disait : « Henri IV est avec son peuple sur le Pont-Neuf; Louis XIII avec les gens de qualité, à la place Royale; Louis XIV avec les maltôtiers, à la place des Victoires. » Aujourd'hui elle est principalement occupée par des marchands de châles et de soieries.

Mais une modification d'avenir est appelée à changer l'aspect de cette place, en l'agrandissant jusqu'à l'étroite rue de la Vrillière, sur laquelle est située la Banque de France. Outre que ce projet lui donnera un aspect plus séduisant, il répondra aux besoins pratiques d'une population sans cesse en voie d'accroissement, et qui réclame de l'air et de l'espace.

VOLTAIRE

SQUARE MONGE — QUAI MALAQUAIS

Voltaire est très populaire en France où beaucoup le regardent comme l'apôtre de la tolérance et de l'humanité. Il est aussi considéré comme ayant été le chef de parti des philosophes du dix-huitième siècle, et partant, comme un précurseur des idées nouvelles. La République a tenu dès lors à ne pas s'en tenir à la statue que lui éleva Houdon, et elle lui a, ces dernières années, érigé un second monument au quai Malaquais. Le square Monge a la reproduction en bronze de la célèbre statue du Théâtre-Français; le quai Malaquais, devant l'aile ouest de l'Institut, nous présente un Voltaire colossal, sculpté par Caillé.

Dans les deux statues, à près d'un siècle d'intervalle, les artistes ont cherché à donner à la physionomie de leur modèle les traits distinctifs de son caractère, et il faut avouer que, bien qu'inégalement, ils y ont facilement réussi. Houdon, inspiré par le retour à la vérité et à l'antique qui renouvelle les études de la sculpture sous l'influence de Pigalle, dès 1780 environ, nous représente un Voltaire en toge, assis dans une sorte de chaise curule, la tête penchée, l'œil perçant regardant malicieusement du côté gauche, avec un sourire qu'un poète qualifia un jour de hideux. Quelle étincelle dans ces yeux, quel sarcasme dans cette bouche, quels tressaillements nerveux dans ces doigts posés sur les bras du fauteuil!

Caillé, dans son Voltaire debout, appuyé sur une canne et tenant une plume d'une main, le corps voûté et dans une attitude qu'on cherche à expliquer plutôt qu'on ne comprend, a composé un Voltaire également fin et malicieux, rappelant assez le célèbre masque de Houdon. L'ensemble en est beau, bien que maniéré. Le Voltaire de Houdon offre l'image du génie à la fin de sa carrière, deux ans avant sa mort et tout près de son triomphe; peut-être même assis au Théâtre-Français, au moment où il sourit aux transports d'enthousiasme de la foule. Ses cheveux sont coupés, ses traits contractés, sa figure plus amaigrie rappelle assez bien le facies d'une vieille femme coquette et façonnée; tout cet ensemble cède la place dans l'œuvre de M. Caillé à un Voltaire, mûr sans doute, à perruque, laissant voir, sous la houppelande, l'habit brodé du grand seigneur riche, adulé, puissant.

Sur le lourd piédestal de M. Formigé le comité s'est contenté d'inscrire : 1694-1778, deux dates qui, à elles seules, en disent long et renferment dans leur intervalle une vie prodigieusement féconde, encore aujourd'hui l'étonnement de notre siècle.

Parisien de Paris, Voltaire, esprit précoce, fut un

travailleur infatigable depuis son jeune âge, et, malgré sa constitution délicate, il eut une vieillesse robuste. Travaux littéraires sans cesse stimulés par un goût passionné pour l'étude, spéculations commerciales, temps accordé aux plaisirs et à une correspondance des plus vastes avec les savants, les artistes, les souverains même, — honorés de se frotter à un génie, — œuvres de bienfaisance : rien n'a manqué à la vie extraor-

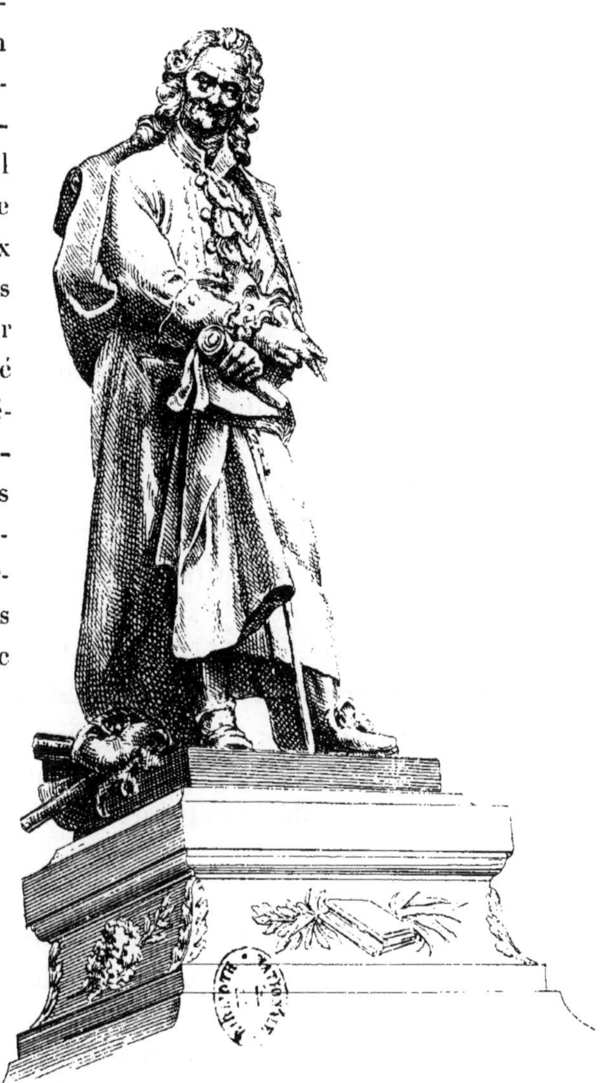

VOLTAIRE. 1694-1778

dinaire de cet homme qui résume tout son siècle avec ses élégances et ses raffinements, avec son esprit subtil et mordant et sa philosophie indépendante.

S'il mérite une place à part parmi les grands écrivains français, il la doit surtout à l'universalité qu'il a ambitionnée.

Diversité, c'est ma devise,

répétait-il après La Fontaine. On ne vit jamais, en effet, une activité si grande appliquée à tant d'objets, une pareille flexibilité de talent. Il faudrait écrire un livre si l'on voulait étudier ses très nombreux ouvrages. Au milieu de leur diversité, plusieurs ne sont pas dignes d'arrêter l'attention, et ce cas lui est commun avec beaucoup d'esprits supérieurs, mais il en est d'autres en quantité respectable qui seront durables.

Voltaire est à la fois philosophe, historien, poète épique et romancier. Philosophe, il l'est dans tous ses écrits, affectant tour à tour le scepticisme, l'épicuréisme de la *Société du Temple*, et se posant comme l'adversaire des idées déistes et spiritualistes de Pascal et de Descartes.

Historien, il pénètre le premier dans la vie intime des peuples, étudie les aspects divers des sociétés et lie au récit, jusque-là trop servile des événements, la *démonstration de l'influence des opinions sur les malheurs de la terre*. Il recherche surtout l'étude des lois, des usages, des mœurs, des progrès des sciences et des arts. Cette manière philosophique de traiter l'histoire est un de ses principaux titres à la reconnaissance de la postérité.

Au théâtre, son influence énorme se fit jour dans une série de nouveautés dignes de mémoire. Il donnait plus de simplicité à l'action, plus de brièveté au dialogue, plus de vérité à la couleur locale et à l'appareil, se montrait le digne continuateur de Corneille dans ses maximes; enfin, par des allusions qui trop souvent troublaient l'illusion et changeaient la scène en tribune, donnait un corps à toutes les idées nouvelles que le siècle prêtait au poète et que le poète renvoyait au siècle, transformées par l'éloquence.

Romancier et poète, il déploie une imagination active, visible dans des saillies rapides, originales, mordantes, ironiques. On sait que l'ironie fut son arme et qu'il la mania toujours avec un naturel de style et une habileté qui nous en font oublier le caractère souvent injuste et dominant. Parmi les maximes qu'on trouve un peu partout dans ses écrits, celles qui sont consacrées à la paix, à la tolérance et spécialement à l'humanité sont admirables et en font un homme de tous les temps.

Est-il besoin de citer ses ouvrages dont plusieurs sont devenus si justement classiques? Après avoir composé *Mérope et Zaïre*, le *Siècle de Louis XIV*, l'*Histoire de Charles XII*, l'*Essai sur l'histoire des mœurs*, où le christianisme est si peu ménagé mais où le style est si éclatant : — après avoir écrit des romans charmants, « le roi Voltaire », comme on l'appelait, nous a laissé une *correspondance* extraordinaire où son esprit se dévoile tout entier. L'homme y apparaît avec un sentiment de la nature qui n'a rien d'apprêté, et l'homme est particulièrement intéressant pour son rôle immense. Ses relations avec les beaux esprits de l'époque, avec les grands seigneurs, avec l'Académie, quelque peu la cour, mais plutôt avec la petite cour rivale de Sceaux où trônait la duchesse du Maine; spécialement son commerce intime et littéraire avec Frédéric II, « cet homme de lettres français sur le trône de Prusse, » tout cela ajoute à l'étude de l'individu en lui-même un attrait raffiné, plein d'aperçus piquants sur la société du dix-huitième siècle.

Bien que Voltaire ait passé la majeure partie de sa vie hors de France, Paris s'honore de lui avoir donné le jour, comme il peut s'honorer aussi d'avoir servi de théâtre à son triomphe, avant de devenir le foyer enthousiaste et, peut-être, trop peu tempérant de ses idées. Paris le revit en 1778, après un exil volontaire de près de vingt-huit années qui lui avait permis, loin d'un gouvernement craintif, d'un parlement défiant et d'un clergé irrité, au sein de l'opulence et sur une terre hospitalière, de lancer à travers l'Europe ses œuvres hardies et toujours renouvelées. On sait en quelles circonstances mémorables et triomphales il revit Paris, et les Français qui, s'écriait-il, le fai-

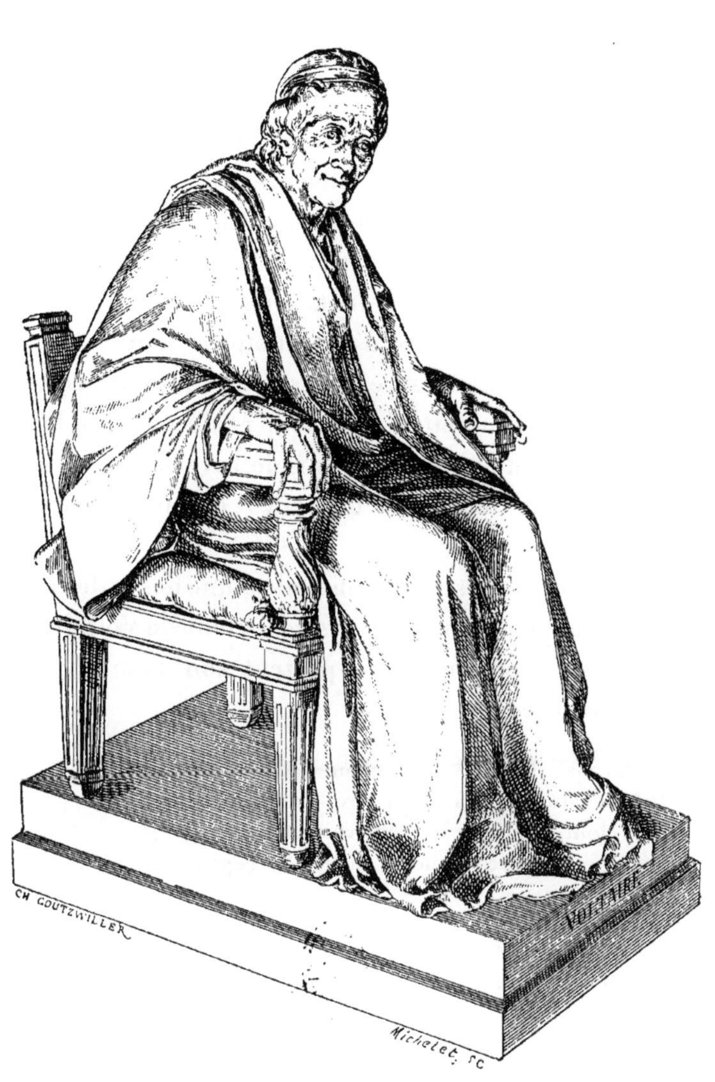

VOLTAIRE, DE HOUDON

saient mourir de plaisir. L'événement confirma cette exclamation : il mourut en effet à la suite de son triomphe. La Révolution, quelques années plus tard, adopta sa mémoire, et la Convention décréta que les cendres de ce grand homme auraient les honneurs du Panthéon. C'est là qu'elles reposent depuis lors, et l'on peut voir au-dessus de la pierre sépulcrale, à travers les pâles reflets d'une lumière souterraine, revivre dans le buste si expressif de Houdon cette saisissante physionomie du penseur et du philosophe. L'impression qu'on ressent dans le caveau devant ce buste étonnant de vie est de celles qu'on ne peut oublier.

En plus des trois statues officielles, une des salles de la Bibliothèque nationale conserve le cœur de Voltaire; enfin un quai et une place portent son nom. A sa mort on avait écrit ces vers :

O Parnasse! frémis de douleur et d'effroi.
Brisez, Muses, brisez vos lyres immortelles,
Toi, dont il fatigua les cent voix et les ailes,
Dis que Voltaire est mort, pleure, et repose-toi!

L'ABBÉ DE L'ÉPÉE

INSTITUT DES SOURDS-MUETS

L'abbé de l'Épée fit une langue pour la vue, comme le savant Haüy en avait fait une pour le toucher. Avant lui, l'éducation des sourds-muets avait toujours été regardée comme une impossibilité aussi physique que morale. L'antiquité avait inventé des lois de rigueur à l'égard de ces infortunés qu'elle considérait comme inutiles à la patrie, incapables de toute instruction, et condamnés dès lors à périr ou dans les déserts de Taygète, ou dans les eaux bourbeuses du Tibre.

Le moyen âge tenta des efforts partiels pour soulager ces infirmes, et compte à son actif des exemples de tolérance et même de respect à l'égard de certains sourds-muets ; on essaya bien quelques systèmes, mais aucun ne put égaler celui qu'un prêtre interdit pour ses opinions religieuses, l'abbé de l'Épée, eut le loisir de découvrir vers 1760.

Après avoir étudié les diverses méthodes expérimentées en Espagne et en Angleterre, l'abbé philanthrope fonda son système sur le langage naturel des signes, qu'il crut pouvoir astreindre aux formes grammaticales. Seul, presque sans appui, avec les ressources de sa petite fortune, aidé par la suite de personnes bienfaisantes, notamment du duc de Penthièvre, il forma et soutint dans sa maison le premier établissement spécial de sourds-muets. Les sacrifices qu'il dut souvent s'imposer dans ses modestes débuts ne découragèrent pas son âme généreuse, et pour que ses élèves ne manquassent de rien, il se contentait d'aliments simples et de vêtements grossiers; il passait sans feu les hivers les plus rigoureux. Mais sa persévérance devait enfin triompher de tous les obstacles.

En 1777, l'empereur Joseph vint visiter son établissement, il en fut émerveillé; il en parla à la reine Marie-Antoinette qui le vit et l'admira. L'œuvre obtenait sa protection dès ce moment. Ses effets ne furent pas longs à se réaliser. En 1778, l'école était approuvée par le gouvernement, subventionnée par le roi, et transférée en 1785 dans le bâtiment des Célestins, puis dans ceux du séminaire diocésain Saint-Magloire, rue Saint-Jacques, pendant la Révolution. C'est là, — où elle existe encore aujourd'hui, attenante à l'église Saint-Jacques-du-Haut-Pas, — que mourut en 1789 l'abbé de l'Épée, laissant son œuvre aux soins de l'abbé Sicard, qui lui donna le développement qu'elle méritait.

On jugera de l'utilité publique de cette institution lorsqu'on saura que la moyenne des sourds-muets en France est de 25 à 30,000. Grâce à la méthode de l'Épée, les sourds-muets arrivent après sept ans d'études à apprendre un métier, et à se rendre utiles. Tous sont désormais capables de gagner leur vie.

Une des manifestations de la reconnaissance publique, et spécialement de celle des sourds-muets envers celui qu'ils appellent, avec raison, leur saint Vincent de Paul, a été l'érection de sa statue dans la grande cour d'honneur de l'établissement de la rue Saint-Jacques, sous le feuillage de ce géant végétal, âgé de plus de trois siècles, et qui certes est bien le plus bel orme de Paris.

Là, protégée par l'ombre bienfaisante de ce vieux témoin des études de plus

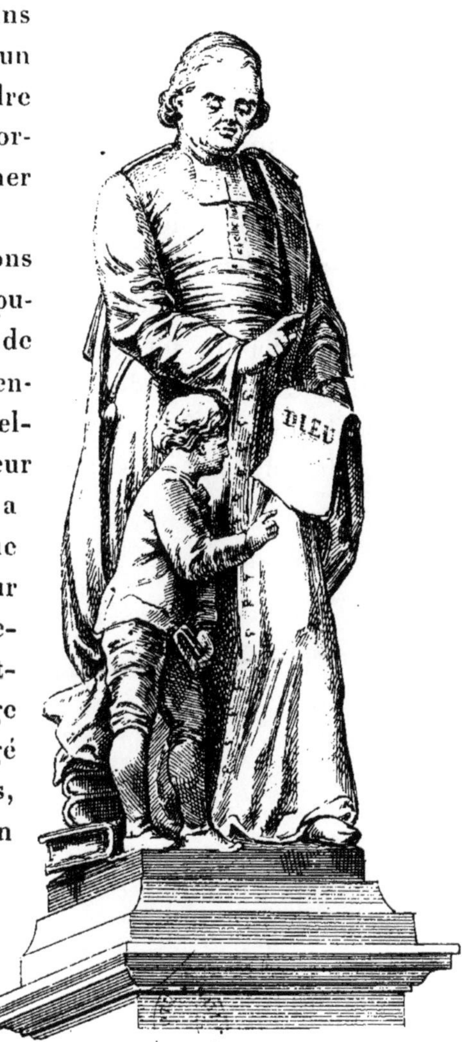

ABBÉ DE L'ÉPÉE. 1712-1789

d'un séminariste célèbre, tels qu'un Massillon ou un La Fontaine, s'élève la statue de l'homme de bien dont le nom honoré et pur est un symbole de charité.

Elle est due au ciseau d'un sourd-muet, nommé Félix Martin, et repose sur un piédestal dont les côtés sont revêtus de bas-reliefs rappelant les épisodes les plus honorables de la vie de l'illustre philanthrope. — Il suffit d'en énoncer les sujets : l'abbé de l'Épée continuant l'éducation de deux sourdes-muettes, élèves du Père Vanin, un des premiers chercheurs d'une méthode ; — l'abbé de l'Épée repoussant les offres de Joseph II d'aller à Vienne ; — l'abbé de l'Épée se privant de feu malgré les rigueurs de l'hiver.

DIDEROT

PLACE SAINT-GERMAIN-DES-PRÉS

Ce que la République a voulu glorifier le plus en Diderot, c'est le précurseur de la Révolution. Par les idées qu'il a répandues dans ses ouvrages, notamment dans l'*Encyclopédie* dont il fut l'âme, Diderot peut être regardé, avec Voltaire, comme un des ancêtres du progrès moderne. Son nom était depuis déjà longtemps tombé dans l'oubli, quand l'attention publique fut rappelée sur lui par l'initiative d'un comité composé de littérateurs et d'hommes politiques, qui publia une édition spéciale de ses œuvres et résolut de fêter son centenaire de 1884, en lui élevant une statue.

On fit choix pour son érection de la place Saint-Germain-des-Prés. Et de fait, nulle place ne pouvait mieux convenir. De 1754 à 1784, Diderot avait en effet habité rue Taranne, à l'angle de la rue Saint-Benoît, un petit logis, où passèrent toutes les célébrités de l'époque. Son logement était au quatrième étage, et sa bibliothèque au cinquième. Un jour, la maladie l'empêcha de monter jusqu'à ses livres. Grimm recourut à l'impératrice de Russie, et Catherine fit donner à son bibliothécaire un superbe asile rue Richelieu.

Le philosophe mourut douze jours plus tard dans cette sorte de palais. Le 29 juillet, ses amis vinrent le voir; le lendemain, il avait cessé de vivre et le curé de Saint-Roch l'enterrait dans son église, où ses restes reposent encore.

Quand on traite de Diderot, il est impossible de ne pas insister sur la part prépondérante qu'il prit dans la rédaction de l'*Encyclopédie*. Cette publication considérable est l'expression la plus complète du mouvement philosophique novateur, critique et sceptique du dix-huitième siècle. On voulait anéantir, pour les refaire dans un esprit largement teinté de sensualisme et de libre pensée, toutes les croyances, les mœurs et les institutions du passé. C'est le génie enthousiaste et patient de Diderot qui conçut l'*Encyclopédie*, à laquelle sur son appel vinrent collaborer Voltaire, d'Alembert, Montesquieu, Condillac, Duclos, Helvétius, d'Holbach, l'abbé Morellet, Raynal, Grimm, Saint-Lambert, etc. Diderot en revoyait tous les articles, et, bien que se réservant particulièrement le côté religieux et philosophique, il imprimait à l'ensemble un caractère d'unité. — Diderot y travailla vingt ans avant d'en voir la fin (1751-72). — Ce vaste recueil ainsi compris ne fut pas reçu sans protestations, de la part des grands surtout. Mais, à côté des exagérations de secte, on y puisait des vérités efficaces. Pour la première fois peut-être, on voyait proclamer ouvertement la liberté de penser et d'écrire, la souveraineté des peuples, et la puissance des arts et de l'industrie jusqu'alors méconnue.

On doit encore à Diderot, sous le titre de *Salons*, des critiques estimées des différentes expositions de peinture tenues au Louvre à son époque. Malgré certaines idées fausses, sur le but et les beautés de l'art, les Salons de Diderot et ses *Pensées détachées sur la Peinture* créèrent en France la critique et l'esthétique des beaux-arts. Écrits sans ordre, mais avec fougue et inspiration, ces articles intéressent de suite, « parce qu'on ne croit pas lire une critique, mais voir un tableau ».

Enfin, il rédigea encore, pour l'abbé Raynal, un bon quart de l'*Histoire philosophi-*

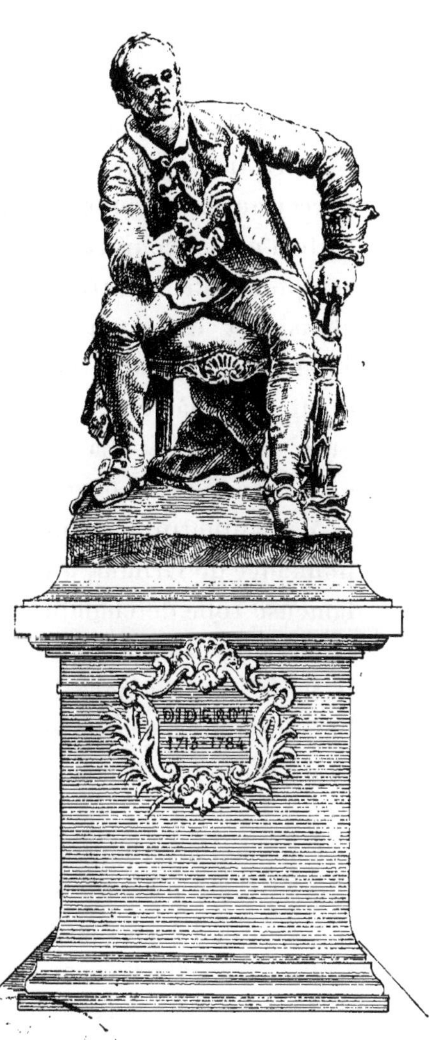

DIDEROT. 1713-1784

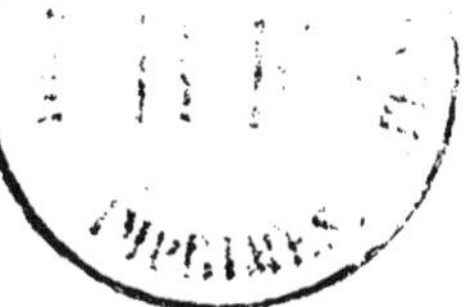

que. Son style est à la hauteur d'une pensée vive et toujours réfléchie. Il a des pages d'une réelle éloquence. De tels titres expliquent le regain de popularité qui s'est accompli de nos jours en sa faveur.

En 1882, un comité se constitua donc et ouvrit une souscription pour réunir les fonds nécessaires à l'érection d'un monument. L'année suivante, à la suite d'un concours, auquel avaient pris part plusieurs sculpteurs de talent, le projet de M. Gautherin fut choisi, et on a pu voir placer solennellement en 1884, sur la place Saint-Germain-des-Prés, la maquette en plâtre. Le monument de bronze fut inauguré en 1886. — La ville de Paris, de concert avec l'État, donna le bronze.

M. Gautherin, s'inspirant d'un passage de la correspondance de Grimm, a représenté Diderot vêtu de sa fameuse robe de chambre, assis, trop penché en avant et de côté, semblant prêter l'oreille à quelque écho : il tient une plume à la main, et fait le geste d'un homme qui cause ou qui explique. Sa tête intéressante reproduit à peu près les traits du buste d'Houdon.

Comme l'avait fait M. Caillé pour Voltaire, M. Gautherin a mis dans les doigts de Diderot l'outil frêle et puissant de l'écrivain : la plume; et de même que pour Voltaire, on s'est contenté d'inscrire sur le piédestal de la statue les deux dates de naissance et de mort du philosophe.

Cette pauvreté d'imagination, de la part des comités et des artistes, est un peu sèche. On aimerait qu'un piédestal, d'ailleurs trop souvent simple et massif, rappelât au passant flâneur, bourgeois positif ou modeste artisan, les titres du héros à la reconnaissance publique. Il est des grands hommes dont on ne connaît que le nom, car ils ne s'imposent pas tout d'abord par une vie ou des œuvres absolument éclatantes aux yeux de tous. Y a-t-il cinq cents personnes à Paris qui aient lu Diderot? En est-il beaucoup plus qui connaissent le titre de ses ouvrages? Un piédestal de statue, puisque statue il y a, pourrait alors devenir un bon tableau d'enseignement public, portant au moins les titres d'ouvrages célèbres, sinon des pensées détachées dignes de mémoire et profitables à leurs lecteurs.

Diderot, auteur d'ailleurs de plus d'une maxime instructive, était encore un brave cœur, témoin l'anecdote suivante : Il avait alors vingt-huit ans, la fortune ne lui souriait pas; un jour il faillit mourir de faim. Le soir, raconte un de ses biographes, il rentre à jeun à son auberge, s'assied et s'évanouit; son hôtesse, émue, se hâte de lui faire une rôtie au vin, avec quoi il s'alla coucher. Ce jour-là, dit-il, je jurai, si jamais je possédais quelque chose, de ne refuser de ma vie à un indigent, de ne point condamner mon semblable à une journée aussi pénible. Jamais, ajoute la fille de Diderot, Mme de Vandeul, « jamais serment ne fut plus religieusement observé. »

On le vit aussi s'employer pour les humbles et les pauvres, en rédigeant des placets pour d'intéressants poètes et des suppliques pour des femmes dans le malheur.

Quant au rôle social et politique de Diderot, il est dans les idées qu'il nous a laissées et qui forment avec celles de Montesquieu, de d'Argenson, de Voltaire et de Rousseau, une philosophie de libre examen. On ne manquait pas de rappeler cette influence politique le 13 juillet 1886, jour de l'inauguration de la statue, et par les allusions et les citations qu'on se plaisait à lui emprunter, on célébrait en Diderot l'esprit d'un républicain, en plein règne de Louis XVI, ce qui était rare pour l'époque.

Quel que soit le jugement porté sur ce philosophe, son nom sera toujours cher aux lettrés et à tous ceux qui s'intéressent aux progrès de l'esprit.

SEDAINE

SQUARE TRUDAINE

Le dix-huitième siècle n'a pas produit que des philosophes, il compte encore parmi ses beaux esprits des poètes à la muse légère. Sedaine brille au premier rang parmi ces derniers. On lui a élevé une statue il y a quelques années, là-bas...... bien loin, il est vrai, dans le dix-neuvième arrondissement, au square Trudaine, mais enfin à Paris, au siège de toutes les gloires. Cette décentralisation artistique n'a rien que de juste en soi. Les arrondissements excentriques ne font-ils pas partie de la cité, et les grands hommes ne sont-ils pas faits aussi bien pour les Parisiens des quartiers populeux que pour les heureux habitants des quartiers riches? D'ailleurs, Sedaine a, dans sa vie, un côté qui le rapproche singulièrement de l'artisan. N'a-t-il pas été lui aussi, à ses heures, heures sombres dans son existence, un modeste tailleur de pierres, et avant de ciseler ses pensées avec cet esprit, cette verve, ce naturel, qui en font un des maîtres du génie français, n'a-t-il pas dû travailler manuellement et péniblement pour échapper à la misère?

Cette page de la vie de Sedaine n'est pas la moins

émouvante, et lui-même fier, à bon droit, de ce début aimait à le rappeler en ces vers :

Arraché chaque jour à l'humble matelas,
Où souvent le sommeil me fuyait, quoique las,
J'allais, les reins ployés, ébaucher une pierre,
La tailler, l'aplanir, la retourner d'équerre;
Souvent le froid m'ôtait l'usage de la voix,
Et mon ciseau glacé s'échappait de mes doigts;
Le soleil, dans l'été, frappant sur les murailles,
Par un double foyer me brûlait les entrailles.

Cette intéressante légende, que sa modestie s'accommodait d'accréditer, a besoin d'être atténuée, car ce n'est pas en taillant des pierres qu'il formait son talent d'écrivain et de librettiste. Fils et petit-fils d'architecte, doté de quelque bien, orphelin de bonne heure, Sedaine n'avait pas eu une enfance malheureuse. Il avait pu, à son aise, étudier la poésie que son goût lui rendait chère et son intelligence, facile. C'est seulement à dix-huit ans que, ruiné par un tuteur infidèle, il s'était vu obligé d'apprendre le métier de tailleur de pierres pour nourrir sa mère et ses trois jeunes frères. Si, pour faire diversion à ce revers de fortune, il lui prenait fantaisie d'évoquer des temps meilleurs, il pouvait donc, en sciant un bloc, chanter à son choix un refrain de Vadé ou scander et cadencer des vers d'Horace et de Virgile. « Ces deux poètes, a dit un de ses biographes, étaient ses consolations; il dut leur demander bien souvent du soulagement aux débuts assez précaires de sa vie. »

Sedaine n'a guère que l'âge où il se trouve ruiné dans la statue du square Trudaine. M. Lecointe nous rappelle à la fois, dans l'attitude un peu maniérée qu'il donne au créateur de l'opéra comique les différentes, phases de la vie de son personnage et la façon dont il associa ses deux métiers. Assis sur une pierre, ses instruments de travail par terre, Sedaine porte un vêtement d'artisan; la chemise est retroussée aux bras, un tablier couvre sa poitrine: voilà la part faite au tailleur de pierres; celle du poète est d'une conception plus relevée : elle se trouve figurée dans l'air méditatif du

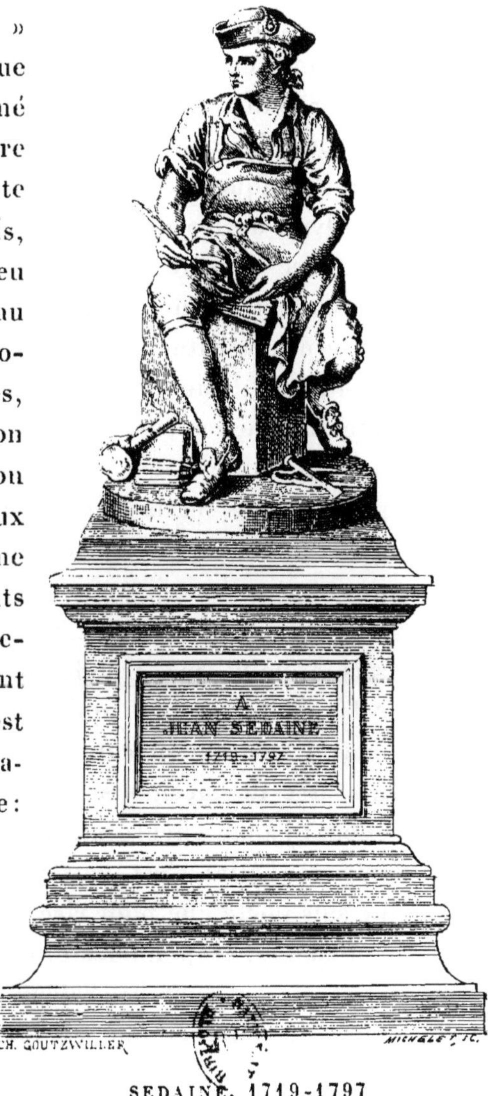

SEDAINE. 1719-1797

visage, et dans la plume et le manuscrit délicatement placés entre les mains.

Quand, en 1752, parut son premier recueil de poésies, Sedaine eut une idée ingénieuse : il fit mettre en tête du volume son portrait encadré dans un médaillon autour duquel de petits génies jouaient, les uns avec une lyre, un masque de théâtre, une houlette; les autres avec un niveau de maçon, des livres et un plan d'architecte. Il nous explique lui-même cette allégorie en termes spirituels : « Ces quelques détails pourront, dit-il, faire deviner ma profession, et je m'attends bien que quelque lecteur, qui y aura pris garde, pourra me dire en forme d'avis : « Soyez plutôt maçon... » Mais pourquoi ne serais-je pas maçon et poète ? Apollon, mon seigneur et maître, a bien été l'un et l'autre. Pourquoi ne tiendrais-je point un petit coin sur le Parnasse auprès du menuisier de Nevers ? Pourquoi n'associerais-je point ma truelle au vilebrequin de maître Adam ? Je sais bien qu'on a lieu de se défier qu'un maçon poète ne maçonne mal, et qu'un poète maçon ne fasse de méchants vers; là-dessus j'ai fait mon choix : j'aime encore mieux passer pour mal versifier que mal bâtir; c'est pour vivre que je suis maçon; je ne suis poète que pour rire. »

Sedaine, trop modeste, voulait-il dire par là qu'il était ridicule ou littérateur peu sérieux, ne s'occupant de versifier que comme d'un doux badinage? Nous ne le pensons pas. Avec tout le monde nous savourons, dans sa muse légère et portant juste, une lecture aimable dont on ne rit pas, mais qui fait rire des travers humains. Toute la nuance est là.

Un entrepreneur de maçonnerie, nommé Buron, aïeul de David, frappé de l'intelligence de son ouvrier, l'éleva au rang de maître maçon et l'aida à entrer à l'Académie d'architecture comme secrétaire. Sedaine étonnait tous les clients de son patron par son originalité et sa gaieté. Un d'entre eux se prit pour lui d'une affection véritable; c'était un ancien lieutenant criminel au Châtelet, nommé Lecomte, ami des lettres et des artistes. Pressentant l'avenir de Sedaine il lui dit un jour :

«Vous vous êtes trompé de vocation, pourquoi ne cherchez-vous pas à faire autre chose que ce que vous faites ?

— Je ne demanderais pas mieux, répondit Sedaine, si j'avais seulement douze cents livres de rente.

— Vous les avez chez moi dès aujourd'hui, reprit l'excellent M. Lecomte; je vous logerai, vous vivrez avec nous; je vous donnerai six cents livres par an et la liberté de faire ce qu'il vous plaira ; veillez à la conservation de mes bâtiments, épargnez-moi ce qu'un autre me coûterait, et je serai encore votre obligé. »

Sedaine accepta l'offre avec reconnaissance et s'en vint habiter chez son protecteur, rue de la Roquette, la maison dont il hérita à sa mort et qui, destinée curieuse, devait être plus tard la demeure de Michelet.

La carrière littéraire et dramatique de Sedaine

s'ouvre alors avec éclat. Mis en rapport avec Monet, directeur des théâtres de la foire Saint-Laurent, Sedaine écrit sa première œuvre dramatique : *le Diable à quatre*, musique de Philidor, accueillie avec une grande faveur et qu'on s'accorde à regarder comme le premier spécimen du genre de l'opéra comique.

Puis, parurent successivement *Blaise le Savetier*, et *Rose et Colas* (ce dernier en collaboration avec Monsigny), un petit chef-d'œuvre de grâce et de simplicité ; *On ne s'avise jamais de tout*, une pièce qui servit de modèle à Beaumarchais pour son *Barbier de Séville*.

« Quelqu'un, dit-il dans la spirituelle préface de sa comédie, m'a reproché, du ton le plus sérieux, que ma pièce ressemblait à *On ne s'avise jamais de tout*. Ressembler ? Monsieur, je soutiens que ma pièce est : *On ne s'avise jamais de tout* elle-même.

— Et comment cela ? — C'est qu'on ne s'était jamais avisé de ma pièce. — L'amateur resta court, et l'on en rit d'autant plus que celui qui me reprochait *On ne s'avise jamais de tout* est un homme qui ne s'est jamais avisé de rien. »

Mieux que par une répartie, l'esprit qui abonde dans *le Barbier* et la création du personnage de Figaro ont disculpé Beaumarchais de son plagiat.

On doit encore à Sedaine, outre des chansons pleines de sel et d'esprit, des morceaux de poésie légère, comme l'*Epître à mon habit*, autre petit chef-d'œuvre, dont voici quelques vers :

Ah! mon habit, que je vous remercie!
Que je valus hier grâce à votre valeur!
Je me connais, et plus je m'apprécie,
Plus j'entrevois qu'il faut que mon tailleur,
Par une secrète magie,
Ait caché dans vos plis un talisman vainqueur,
Capable de gagner et l'esprit et le cœur.
Dans ce cercle nombreux de bonne compagnie,
Quels honneurs je reçus! quels égards! quel accueil!
Auprès de la maîtresse, et dans un grand fauteuil,
Je ne vis que des yeux toujours prêts à sourire,
J'eus le droit d'y parler, et parler sans rien dire.
Cette femme à grands falbalas
Me consulta sur l'air de son visage;
Un blondin, sur un mot d'usage;
Un robin, sur des opéras.
Ce que je décidai fut le *nec plus ultra* :
On applaudit à tout, j'avais tant de génie!
Ah! mon habit, que je vous remercie!
C'est vous qui me valez cela!

Il composait encore *le Roi et le Fermier*, *l'Huître et les Plaideurs*, *l'Anneau perdu et retrouvé*, *Aline reine de Golconde*, *la Gageure imprévue*, *les Sabots* et *le Déserteur*, ce dernier, drame. Les pièces de Sedaine, autorisées par le Chancelier, dont Crébillon était le secrétaire, se jouaient à Paris par les comédiens italiens ordinaires du roi, ou à Fontainebleau en présence de Sa Majesté. Les soirées royales de 1750 à 1770 furent souvent charmées par leur audition. L'esprit y coulait en flots pressés dans une langue familière. Les rondeaux de M. de Sedaine étaient donc célèbres à la cour et à la ville. C'est que son scénario est toujours léger et gracieux. Ses bergers ont des airs à la Florian et des sentiments à la Deshoulières. Il semble qu'ils reflètent dans leur abandon une élégance digne de Fragonard, son illustre contemporain.

On conçoit quel succès obtinrent les pièces de Sedaine dans le milieu mondain du règne de Louis XV, si frivole et, disons le mot, si *talon rouge*. Les marquis et les marquises, les financiers, les petits abbés, le citaient à tous échos.

Son chef-d'œuvre le plus reconnu est *le Philosophe sans le savoir* (1765). Transporté d'admiration après sa lecture, Diderot, son ami, disait que Sedaine aurait mérité sa fille s'il n'avait pas été si vieux. Une de ses productions les plus remarquables fut encore *Maillard ou Paris sauvé*, tragédie en prose, dont parlait ainsi la fière Catherine de Russie, dans une lettre à Grimm : *Mes ministres s'opposent à ce qu'on joue la pièce de Sedaine, mais je me venge en la leur faisant lire.* Puis elle envoyait à l'auteur deux mille francs de gratification, seule récompense de ce genre qu'il ait jamais obtenue. Sedaine avait soixante-cinq ans quand il donna, avec Grétry, *Richard Cœur de Lion;* son succès éclatant décida l'Académie française à lui ouvrir enfin ses portes (27 avril 1786).

On peut dire de Sedaine qu'il fut, avec Beaumarchais, le créateur du théâtre moderne. Lié avec les auteurs et avec les philosophes les plus marquants du dix-huitième siècle, il dut beaucoup à leur société et à leurs encouragements. Son esprit était juste, prompt, mais un peu caustique, son âme droite et généreuse. Le caractère particulier de son talent est une gaieté toujours franche et naïve ; son dialogue constamment vrai ne laisse point s'émousser l'attention. Les vers de ses opéras sont coulants et tombés comme par hasard de sa plume. Il ne cherchait pas à les soigner davantage, trouvant, non sans raison, que cette forme était plus naturelle et plus favorable à la musique. Ses œuvres sont encore en honneur aujourd'hui et sont restées au répertoire. Nos contemporains pour l'Opéra-Comique n'ont rien fait de mieux que Sedaine.

On a peine à comprendre, après ses succès et l'importance de son œuvre, que le Directoire l'ait rayé de la liste des membres de l'Institut réorganisé en 1796. Etait-ce parce qu'il avait amusé la société de l'ancien régime ? Mais alors pourquoi la Convention le comprenait-elle dans le nombre des gens de lettres pensionnés? Triste contradiction. Sedaine, pour toute réponse au Directoire, dont quelques membres l'accusaient d'être trop négligé dans son style, répondit à qui voulut l'entendre : « Ils disent que je ne sais pas le français, et moi je dis qu'il n'y en a pas un là qui pût faire *Rose et Colas.* »

Et ce sentiment de légitime amour-propre n'était pas exagéré. Voltaire ne se chargeait-il pas de lui rendre justice devant ses contemporains et aussi devant la postérité, lorsqu'il lui écrivait, après avoir reçu, à Ferney, *le Philosophe sans le savoir* et *la Gageure imprévue* : « qu'il ne connaissait personne qui entendît mieux le théâtre que lui et qui fît parler ses acteurs avec plus de naturel. »

Après cinquante ans de travaux, de popularité et d'honneurs, Sedaine mourut, à Paris, à l'âge de soixante-dix-huit ans, le 17 mai 1797, laissant sa femme et plusieurs enfants sans fortune. Le théâtre, malgré son succès, ne l'avait pas enrichi, pas plus qu'il n'avait enrichi son répertoire des idées et du mérite des autres, poussant la coquetterie d'*être lui-même* jusqu'à l'excès et de ne devoir rien à personne.

MALESHERBES

PALAIS DE JUSTICE

Avant que le monument de Berryer fût venu rompre un peu la monotonie par trop régulière des côtés de la salle des Pas-Perdus, les avocats et *les clercs de la basoche* n'étaient pas privés pour cela de la vue et de l'évocation d'un grand homme de robe. Sous les portiques, en arpentant, comme jadis à Rome les disciples d'Académus, la vaste surface de la salle, ils pouvaient laisser reposer leur regards sur un illustre confrère et devancier, représenté dans l'attitude d'une plaidoirie à sensation. C'est à Louis XVIII ou à son entourage, qu'est due l'initiative du monument de Malesherbes, hommage rendu par un bon frère à la mémoire du défenseur volontaire de Louis XVI. Le vertueux Malesherbes est représenté debout, dans l'attitude qu'il avait au procès du roi pendant sa plaidoirie. Il est vêtu de la robe des magistrats telle qu'on la portait avant la Révolution, et qui lui a survécu. Le visage est noble et expressif, traduisant les sentiments d'une âme élevée d'où partent les mouvements de la véritable éloquence. A ses côtés, brillent, sous la forme de deux vierges tutélaires, la France et la Fidélité.

La carrière de Malesherbes en effet peut se caractériser par ces deux symboles de la France et de la Fidélité ; car elle est pleine d'exemples patriotiques et de vertus professionnelles. Elle est aussi et non moins toute généreuse et désintéressée. Né en 1721, à Paris, fils d'un chancelier de France, dont les qualités honoraient le nom de Lamoignon, Malesherbes fut nommé dans sa jeunesse, et sous le règne de Louis XV, directeur de l'imprimerie, situation où il déploya un tact et une prudence qui n'avaient rien de l'absolutisme de l'ancien régime. C'est ainsi qu'il favorisait, avec la plus grande indulgence, l'impression et le débit des ouvrages les plus hardis, et ceci résulte des témoignages de Rousseau, de Voltaire, de Grimm, et de tous les chefs du parti philosophique, heureux de lui adresser des louanges. « Sans lui, dit Grimm, l'*Encyclopédie* n'eût vraisemblablement jamais osé paraître. »

Les principes qui dirigeaient sa gestion s'inspiraient de l'amour d'une liberté tempérée par une application judicieuse des lois. A la mort de son père, succédant à sa dignité de président de la cour des aides, il déploie dans cette haute fonction un courage égal à son talent. Il osa plusieurs fois adresser des remontrances éloquentes au ministère, prenant la défense des faibles, condamnant les abus du pouvoir, demandant l'ouverture des États généraux, et allant ainsi au devant d'un exil rigoureux de quatre années, où la considération publique le suivit.

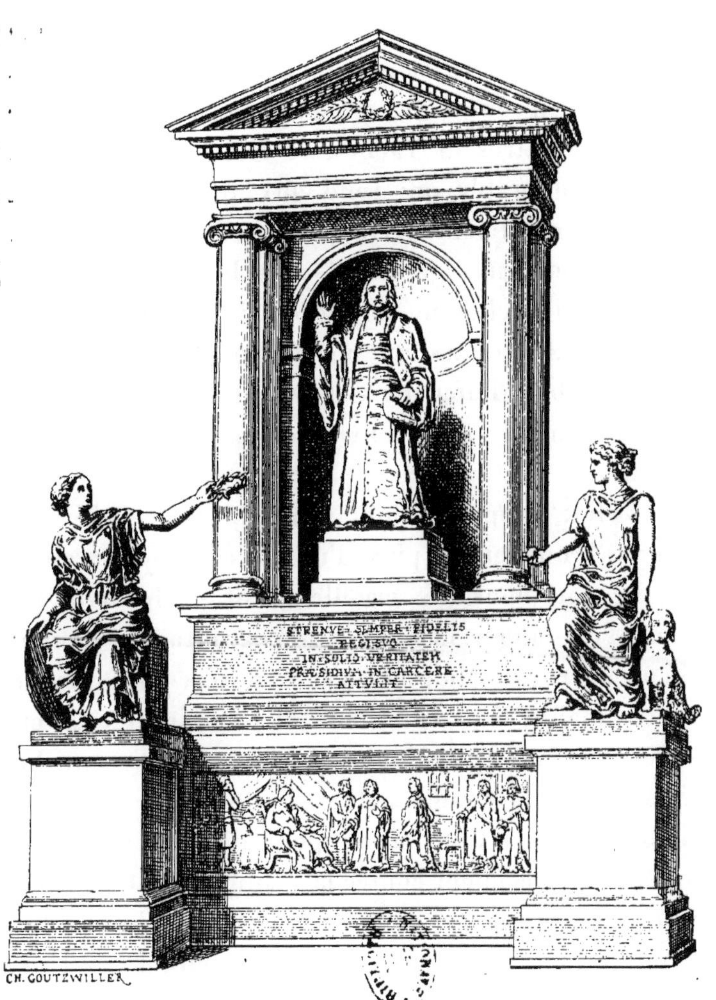

MALESHERBES. 1721-1794

Appelé au ministère par Louis XVI, il signale son passage au pouvoir par des bienfaits, qui eussent été plus grands encore sans l'opposition puissante des courtisans. Il ouvre les prisons, flétrit et diminue l'abus des lettres de cachet, et fait prendre au roi l'édit si honorable qui rend aux protestants l'état civil dont ils étaient privés depuis l'édit de Nantes. Enfin, s'honorant à jamais — avec la simplicité d'un homme qui recherche un devoir à remplir, — par la défense du roi traduit en jugement, Malesherbes suit les nobles impulsions d'une âme naturellement vouée à soulager l'infortune et soigneuse d'en cacher l'auteur.

Il s'était proposé spontanément, avec MM. de Sèze et Tronchet, et plus d'un de ceux qui avaient mis le roi dans sa cruelle position fuyaient au moment du danger. La Convention l'ayant agréé comme défenseur royal, Malesherbes se dévoua entièrement à cette tâche. Ses deux amis et lui mirent tout en usage pour sauver le monarque, mais vainement. Le lendemain de la condamnation, le défenseur revenait à la barre de la Convention pour demander l'appel au peuple et réclamer contre la manière dont les voix avaient été comptées. Les larmes et les sanglots ne lui permirent pas de continuer. Ses moyens d'appel ne furent pas admis. Il se retira alors à la campagne après l'exécution du roi, s'y livrant à la botanique, sa science favorite. Arrêté dans les premiers jours de 1794, il fut incarcéré sans que son âge et ses vertus fussent respectés. Il eut la douleur de voir partir pour le supplice toute sa famille et lui-même l'y suivit bientôt, conservant jusqu'à ses derniers jours cette sérénité imposante de visage, miroir d'une conscience libre.

Sur le seuil de la prison, voire même devant l'échafaud, il ne se départit pas d'une manière de gaieté spirituelle à saillies vives et franches, narguant le supplice : « Vous le voyez, dit-il, en arrivant, à ceux dont il vient partager les fers ; sur mes vieux jours, je suis devenu mauvais sujet, et je me fais enfermer. » — « Ceci est de mauvais augure ; un Romain rentrerait chez lui, » dit-il encore, en faisant un faux pas sur l'escalier qui conduit à la fatale charrette.

La mémoire qu'à laissée Malesherbes est un objet de respect pour tous les partis. Si l'on se reporte à l'époque où il vécut, on ne peut méconnaître la grande intelligence qu'il avait de l'état de la France, et les efforts qu'il fit pour éclairer les aveugles qui la menaient au cataclysme. Sa conduite eut toujours pour règles l'amour de l'humanité et de la justice, le respect des droits des citoyens, le sentiment des droits de la pensée.

A côté de sa réputation d'écrivain, Malesherbes a acquis celle d'un botaniste distingué, formé par de Jussieu. L'Académie des sciences lui avait ouvert ses portes dès 1750, l'Académie française suivit cet exemple en 1775.

En 1819 un comité présidé par le vicomte Pinon se forma pour élever une statue publique à cet homme d'élite. Les événements n'avaient pas permis à l'initiative privée de se donner carrière plus tôt. L'attention venait d'être ramenée justement sur Malesherbes par l'ouvrage si consciencieux du comte de Boissy d'Anglas, pair de France. — Le projet de monument reçut non seulement l'approbation royale quelques mois plus tard, mais Louis XVIII voulut en outre qu'on mît à la disposition du comité la statue de Malesherbes par Dumont qui ornait son cabinet. C'est ce dont témoigne une lettre du directeur général de la Maison du roi, au vicomte Pinon, en date du 26 août 1819.

L'enthousiasme allumé dans les esprits par cette initiative, due également à quelques royalistes de marque, ne se ralentit pas à mesure que le comité poursuivait la réalisation de son but. Dans une séance de l'Académie française du mois d'août 1819, on annonça, — c'est le texte même du procès-verbal, — qu'un anonyme faisait remettre à l'Académie une médaille d'or de la valeur de 1,500 francs, pour un prix de poésie dont le sujet sera le *Dévouement de Malesherbes*. On devait exalter le vénérable magistrat et le vertueux philosophe, qui sous la monarchie avait professé les grands principes de la liberté publique, et dont le dévouement pour son roi, malgré ses malheurs, n'avait pas faibli. Aussi considérait-on un pareil hommage comme une dette. Le *Moniteur* du 31 août 1819 relate en ces termes emphatiques l'appel fait par l'Académie aux poètes : « Disciples d'Apollon! tandis que le génie des arts animera l'airain et le bronze pour consacrer à Malesherbes un de ces monuments dont la destinée est de subir, tôt au tard, le malheur de la destruction, c'est à vous d'élever à ce grand homme si éminemment Français le monument impérissable qui ne redoute ni les passions des hommes ni l'injure des ans. »

Les souscriptions furent nombreuses. Les hommes de toutes les conditions, rois, princes, ministres, sujets, s'empressèrent d'envoyer leur offrande. On choisit comme emplacement la magnifique salle des Pas-Perdus du Palais de Justice; le gouvernement ayant voulu présenter l'image du défenseur de Louis XVI au sein même du barreau, qui dès les les débuts de sa carrière avait été à même de l'apprécier.

Comme nous le disions plus haut, le monument se compose de deux piédestaux séparés par un bas-relief; ils portent chacun une figure assise, de sept pieds et demi de proportion. Celle de droite est la Fidélité, tenant d'une main un cœur d'or, de l'autre s'appuyant sur un chien; celle de gauche, la France, offre une couronne à Malesherbes. Bosio en est l'auteur. Le bas-relief par Cortot représente avec une grande vérité de ton local le moment où Malesherbes, Tronchet et de Sèze sont admis devant le roi au Temple pour préparer sa défense. Entre les deux figures s'élève un stylobate sur lequel est gravée l'inscription suivante, composée par Louis XVIII :

STRENUE SEMPER FIDELIS
REGI. SUO.
IN SOLIO VERITATEM
PRÆSIDIUM. IN. CARCERE.
ATTULIT.

Ce stylobate soutient deux colonnes d'ordre ionique, surmontées d'un entablement et d'un fronton. La statue de Malesherbes est placée dans la niche entre les deux colonnes. Elle a été sculptée, en 1817, par Dumont, et donnée, comme nous l'avons dit, par le roi, avec plusieurs blocs de marbre. L'architecte Lebas a exécuté l'ensemble décoratif.

Singulier rapprochement ! Ce monument de reconnaissance, élevé par la postérité au défenseur de Louis XVI, s'élève à quelques pas du cachot où Marie-Antoinette passa les dernières heures de sa vie : et c'est dans ce même Palais, témoin des angoisses et des tortures morales de l'infortunée princesse, que l'effigie de son dernier ami rappelle à tous les heures les plus sombres de la Révolution !

HAUY

INSTITUTION DES JEUNES AVEUGLES

Sur le boulevard des Invalides, presque au coin de la rue de Sèvres, le passant curieux aperçoit un vaste édifice régulièrement bâti, flanqué d'ailes encadrant une cour d'honneur fermée par une grille sur la voie publique. C'est l'institution des Jeunes-Aveugles.

Au centre de cette cour sur un piédestal de granit se dresse un personnage en marbre, habillé à la mode du temps de Louis XVI : culotte courte, souliers à boucle, chemise à jabot, perruque poudrée. Son nom modeste inscrit dans la pierre fait sans doute rêver plus d'un flâneur, ignorant que Valentin Haüy est un des bienfaiteurs de l'humanité.

L'artiste, M. Badion de la Tronchère, a représenté Haüy debout, dans l'attitude du savant méditant son problème. La tête penchée et soutenue par le bras droit observe attentivement un jeune aveugle accroupi à ses pieds. La main gauche relève vers le spectateur le visage du pauvre petit malheureux, dont l'artiste fait ressortir avec simplicité et sentiment la situation douloureusement émouvante.

Cette statue, objet de la reconnaissance publique,

peut être rapprochée du fronton du bâtiment central de l'Institution dû au ciseau de Jouffroy et représentant *Valentin Haüy inspiré par la charité, donnant l'instruction aux aveugles.*

C'est à cela, en effet, que cet homme distingué consacra sa vie. Frère cadet du célèbre minéralogiste, l'abbé René-Just Haüy, ami de Lhomond, et devenu l'émule de Daubenton, membre de l'Institut, Valentin était parti, comme son illustre frère, de sa petite ville de Saint-Just en Picardie, où le père, brave et modeste tisserand de son état, avait de la peine à les nourrir. On arriva à Paris très jeune, on travailla sans relâche et, dès 1784, Valentin expérimentait sa théorie d'instruction des aveugles par l'emploi des signes en relief appréciables au doigt.

Trouvant, un jour, un enfant de seize ans, aveugle dès le bas âge, mendiant à la porte d'une église, Haüy le recueillit et en fit son premier sujet d'expérience. Les résultats furent tellement favorables que la Société philanthropique, qui secourait alors douze enfants atteints de cécité, voulut aussitôt les confier aux soins de ce novateur. Haüy fit fondre des caractères en relief que l'aveugle s'accoutume à reconnaître, à toucher, comme l'enfant apprenant à lire retrouve à la vue les caractères qu'on lui montre. Il suivit la même méthode pour enseigner les chiffres, les signes de la musique, etc.

Son premier établissement fut installé rue Sainte-

Avoye en 1784. Deux ans plus tard, le 26 décembre 1786, les enfants aveugles instruits par lui furent admis devant le roi et la famille royale, qui se montrèrent à ce point satisfaits de leurs exercices qu'ils les firent loger et héberger pendant huit jours au palais de Versailles.

Ces malheureux déshérités, privés de l'organe le plus nécessaire au travail, pouvaient donc devenir capables d'exercer un métier, un art ou une profession libérale, suivant leur apti-

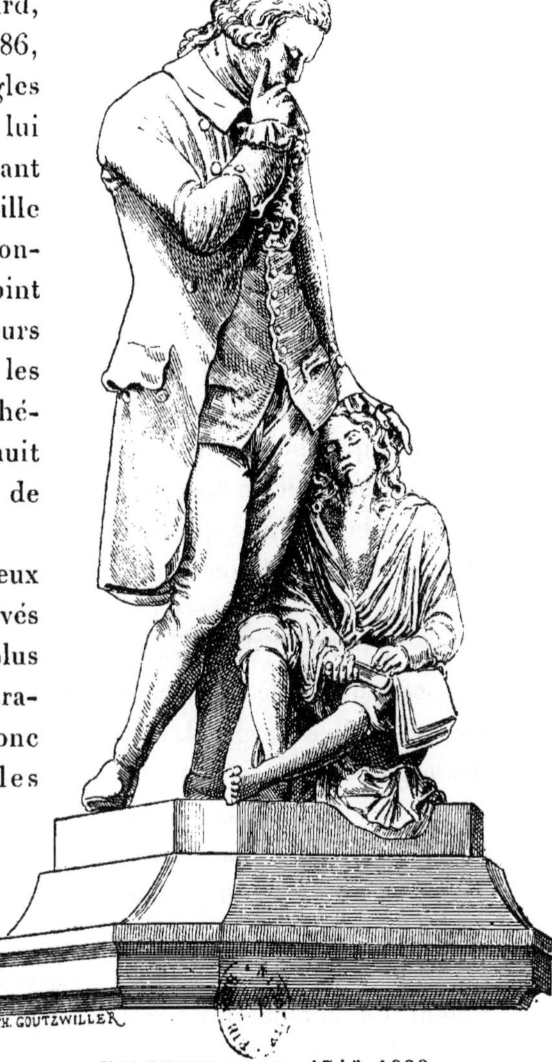

VALENTIN HAUY. 1745-1822

tude individuelle. Cette conquête n'était rien moins qu'une révolution; aussi fut-elle accueillie, comme elle le méritait, avec la plus grande faveur. Les enfants lisaient, déchiffraient, apprenaient la géographie par le toucher. Haüy avait remarqué que ce sens du toucher était plus développé chez l'aveugle que chez l'homme ordinaire jouissant de toutes ses facultés physiques; la nature semblant vouloir réparer ainsi la privation d'un sens par une plus grande action des autres. Ayant eu le premier la divination de ce phénomène, il est le premier aussi qui étudia le problème avec tant de persévérance. Son système est appliqué encore aujourd'hui.

Quoique, à cette époque, les jeunes aveugles n'étudiassent la musique que comme un objet de distraction, leur bienfaiteur entrevoyait qu'elle pourrait leur devenir un jour très utile; bientôt, grâce aux soins d'artistes distingués et particulièrement de Gossec, son étude entra dans une voie qui, depuis, n'a pas cessé de s'élargir. L'institution forme aujourd'hui des organistes excellents et possède une musique de 60 exécutants qui peut rivaliser avec les premières de Paris. Lorsque nous l'entendîmes un jour au Trocadéro, dans un festival public, en même temps que nous fûmes charmés de la façon magistrale dont le morceau était exécuté, nous ne pûmes nous défendre d'un sentiment de compassion profonde pour ces enfants, privés de la clarté du jour et tirant des notes si suaves de leurs instruments. Sous nos yeux les résultats de la méthode d'Haüy se manifestaient dans toute leur éloquence.

L'établissement fut reconnu d'utilité publique par un décret de 1791 qui décide sa formation, y crée des bourses et accorde une subvention importante. Le fondateur, naturellement, fut nommé directeur. Le décret consacrait cette règle salutaire, qui a toujours été observée depuis, qu'aux aveugles appartiendraient, dans l'Institution, tous les emplois qu'ils pourraient remplir ; règle aussi judicieuse qu'équitable, dont l'application d'un côté montre que ce n'est pas en vain qu'on leur donne l'éducation, et de l'autre place sans cesse devant les enfants des exemples à suivre, des preuves vivantes qu'avec du travail ils peuvent, eux aussi, amoindrir leur infirmité et se créer une position.

Haüy, esprit libéral, aimait les principes de la Révolution. Son cœur généreux lui fit bien accueillir la création du culte philosophique connu dans l'histoire du Directoire sous le nom de *théophilanthropie*. Soit à cause des doctrines qu'il professait, jugées peu sérieuses; soit, selon les termes de l'arrêté ministériel, en vue de faire des économies, il fut privé de la direction de sa maison pendant le Consulat. Ne pouvant renoncer à mettre son expérience et son dévouement au service des malheureux atteints de cécité, il leur ouvrit une école, que la difficulté des temps l'obligea bientôt à fermer. Pour répondre aux sollicitations du gouvernement russe, il s'expatria en 1806 et alla porter sa méthode d'enseignement à Saint-Pétersbourg et à Berlin. Il est probable qu'il se froissa de voir qu'on attribuait peu d'importance en France à sa découverte au commencement du siècle, et qu'il saisit cette occasion de passer à l'étranger. Son frère, pourtant, l'abbé Haüy, possédait la plus haute estime de l'empereur. Les préoccupations de la politique détournèrent l'attention de Napoléon du trop modeste Valentin; en tous cas, celui-ci trouva en Russie, auprès de la famille impériale, les dispositions les plus bienveillantes, et, en peu de temps, il se vit à la tête d'un établissement qui eût pu lui faire oublier celui de France, si son patriotisme ne le lui eût rappelé sans cesse; en 1817, il revint à Paris où il mourut en 1822.

Son nom restera éternellement gravé dans les cœurs plus encore que sur le socle de sa statue : ses principes bouleversèrent les données humaines sur la cécité et soulagèrent ses victimes en leur rendant des occupations manuelles et les jouissances de l'esprit. On est arrivé avec les années à perfectionner encore ce système admirable, mais en s'appuyant toujours sur les mêmes bases. L'institution, placée sous le patronage du ministre de l'intérieur, continue son œuvre humanitaire et rend les plus signalés services.

PINEL

HOPITAL DE LA SALPÊTRIÈRE

On a dit de Pinel qu'il a été le Descartes de la médecine. Ce surnom flatteur est un éloge mérité. Pinel en effet a introduit dans la médecine trois réformes, dont les résultats ont été considérables, et ces trois grandes idées développées et expliquées par lui forment ses titres à la reconnaissance publique.

Pinel a été le premier à étudier les tissus dans l'organisme; il a ouvert ainsi les voies à Bichat qui substitue à la méthode compliquée et savante de son maître une théorie très simplifiée dite de *la force vitale*. Le maître avait eu le mérite d'établir la distinction des tissus, l'élève sut faire jaillir de cette découverte des résultats féconds.

Le second titre de Pinel, le plus grand aux yeux de la postérité, est d'avoir réformé complètement le traitement barbare qui, avant lui, était en usage pour les aliénés; enfin, il a, par ses investigations savantes et répétées, donné une nouvelle et très remarquable classification des maladies.

Son rôle humanitaire vis-à-vis les aliénés mérite d'arrêter l'attention. C'est, dit-on, vers 1785, après avoir perdu un jeune ami, devenu fou par suite d'excès d'étude et d'intempérance, que Pinel, profondément affligé, dirigea son esprit vers l'étude de l'aliénation mentale, dont on se faisait alors une idée si fausse. Un établissement spécial pour le traitement des aliénés s'ouvrit bientôt, qu'il dirigea, et dans lequel il substitua au système jusque-là suivi, des peines corporelles et des fers, la douceur envers l'individu et la liberté des mouvements. Six années de succès avaient consolidé cette réforme, lorsque son auteur concourut pour un prix proposé par la Société royale de médecine, sur cette question : *Indiquer les moyens les plus efficaces de traiter les malades dont l'esprit est devenu aliéné avant l'âge de vieillesse*. Thouret, qui faisait partie de la commission nommée pour examiner le mémoire de Pinel, conçut une profonde estime pour le talent et le caractère de l'auteur; et lorsqu'il devint administrateur des hôpitaux, avec Cabanis et Cousin, lui et ses collègues le nommèrent médecin de l'hospice de Bicêtre.

L'esprit du siècle ne pouvait plus tolérer l'aspect révoltant qu'offraient alors les hopitaux d'aliénés. Les bâtiments n'étaient pas habitables : humides, froids, privés d'air; on y couchait sur une paille qu'on renouvelait rarement. Toutes les misères morales et physiques s'y trouvaient confondues. Les aliénés étaient gardés par des malfaiteurs de la prison qu'on leur donnait aussi pour infirmiers. Ils étaient chargés de chaî-

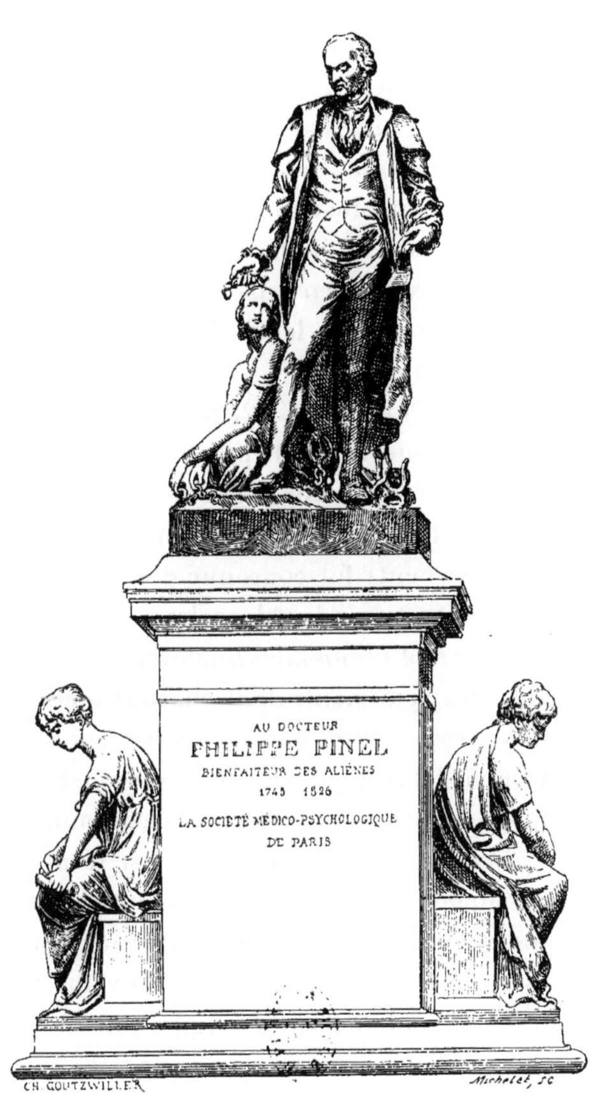

PINEL. 1745-1826

nes comme des criminels, et servaient de but aux railleries, à la brutalité de ces étranges gardiens. S'abandonnant à l'indignation, au désespoir, à la rage que leur inspirait un traitement si cruel, ces malheureux achevaient ainsi de perdre leur raison déjà égarée; ils poussaient jour et nuit des hurlements affreux, ou bien, calmes en apparence, ils épiaient une occasion de surprendre leurs bourreaux, pour se venger en les frappant.

A l'arrivée de Pinel, en 1792, tout changea de face. L'emploi de la douceur, de la pitié, des égards, de la justice, opéra des merveilles. Les fers furent enlevés aux malades, et le premier essai qu'on fit de la liberté de leurs mouvements fut couronné d'un succès inespéré. Au surplus, en rendant le calme et l'expression naturelle à leurs physionomies bouleversées, le savant put y étudier les sentiments dont chacune d'elles était animée, les caractères de leur désordre, conséquemment tracer un tableau plus fidèle et plus méthodique des symptômes de la folie. Après deux années de séjour à Bicêtre, années si pleines et si fécondes, il passa à la Salpêtrière, où les mêmes abus réclamaient les mêmes réformes. Il les appliqua avec tous les ménagements dus à l'humanité et eut à vaincre pour les imposer une administration ignorante et routinière. La Salpêtrière devait être le théâtre définitif de ses expériences et de ses succès. Les genres de folie y sont variés à l'infini.

Cet hôpital est le plus vaste d'Europe. Fondé en 1656 par Louis XIV, dans des bâtiments qui devaient tout d'abord servir de poudrière, son installation est aussi bien aménagée et aussi curieuse à visiter que celle de l'hôtel des Invalides, création du même grand roi.

Depuis Pinel, cet établissement de l'infortune est toujours resté fidèle aux principes d'une tradition si louable, et une administration prévoyante et mieux éclairée n'a cessé de chercher encore à en améliorer les effets salutaires.

On doit encore à ce célèbre médecin une « Histoire philosophique et médicale de l'aliénation mentale », dans laquelle il s'est montré non moins profond que Condillac comme analyste de l'entendement humain, et supérieur à tous les écrivains qui, avant lui, avaient écrit sur la folie.

Après s'être si distingué par l'étude de cette grave infirmité, et pour ainsi dire s'être montré le créateur de son véritable traitement, Pinel occupa à l'École de Paris la chaire d'hygiène et de physique médicale, puis celle de pathologie (1803). C'est dans le cours de cette fonction importante, qu'il donna une nouvelle classification raisonnée des maladies, préférable à toutes celles qui étaient connues jusque-là. Au lieu de distribuer les classes, les ordres, les genres, les espèces, d'après la méthode si confuse et si arbitraire des botanistes ; au lieu de tout rapporter à une série de signes fugitifs et secondaires, Pinel fonda autant que possible son arrangement sur la structure anatomique des parties. De cette façon, il simplifia beaucoup l'étude de la médecine.

C'était un homme généreux et désintéressé. Seul de tous ses amis, il eut le courage de cacher Condorcet fugitif. Il était dédaigneux des honneurs et de l'argent. En 1807, il retira lui-même sa candidature à l'Institut pour ne pas faire tort à un collègue qu'il jugeait plus méritant. Quand il fut nommé membre de l'Académie des sciences, devenu secrétaire perpétuel de cette société, il fallut aller le chercher à la campagne et l'accompagner dans les visites d'usage. Destitué de son professorat en 1822 à la suppression de l'École de médecine, il mourut l'année suivante, estimé et regretté de tous. Pinel avait été dans sa jeunesse un habitué du salon de Mme Helvétius à Passy. Il y fut présenté par Cabanis que la maîtresse de maison aimait comme un fils. Jeunes alors tous deux, avides de renommée, ils virent là, à maintes reprises, un véritable cénacle de beaux esprits. Tous les hommes marquants de la fin du dix-huitième siècle recherchaient l'aimable accueil de Mme Helvétius, digne femme d'un homme célèbre alors. Elle unissait à la culture de l'intelligence les grâces d'une beauté qui semblait s'ignorer elle-même pour ne s'occuper que des autres.

Pinel avait coudoyé là Franklin, Condillac, d'Holbach, l'abbé Morellet, Turgot, Champfort, le chevalier de Boufflers, Jefferson. Sa célébrité future n'eut pas à se plaindre d'un tel commerce.

Le souvenir des bienfaits du médecin a été consacré à Paris par une statue, élevée sur la place vis-à-vis la Salpêtrière et due à Ludovic Durand. — A ne le considérer que de loin, le monument offre dans son ensemble une certaine harmonie ; mais si l'on approche, on voit les deux femmes flanquant le piédestal présenter des visages d'une facture négligée et dépourvus de naturel. Celle de gauche particulièrement a une attitude inexplicable. La statue de Pinel est mieux comprise, bien que l'artiste nous semble avoir trop sacrifié à l'élégance. Ce costume est bien léché et bien étudié ; ce manteau, avec son important collet, est d'une coupe que ne désavouerait pas pour sa taille une femme coquette. Pinel serait un *incroyable* tout à fait réussi, si l'artiste ne s'était souvenu de lui creuser les traits et de lui donner des yeux songeurs. Il baisse la tête et fixe une jeune aliénée à qui il enlève les fers.

C'est à peu près la même attitude que nous offre la statue d'Haüy aux Jeunes-Aveugles. Le piédestal, assez maigre, porte cette simple inscription :

A PHILIPPE PINEL

LA SOCIÉTÉ MÉDICO-PSYCHOLOGIQUE DE PARIS.

1880.

MONCEY

PLACE CLICHY

C'est à l'endroit précis où s'élevait l'ancienne barrière de Clichy, dont les bâtiments de chaque côté de la chaussée étaient l'œuvre de l'architecte Ledoux, qu'eut lieu le combat de 1814, immortalisé à jamais par la peinture et la sculpture. Ce qu'Horace Vernet avait fixé sur la toile avec une vérité d'expression et de couleur, qui en fait un chef-d'œuvre, Doublemard le sculpta avec un rare bonheur de conception. Tel qu'il se présente, en effet, le groupe de M. Doublemard réalise les trois qualités qu'on est en droit d'attendre d'une œuvre de sculpture synthétisant un événement public : la noblesse, le sentiment et le caractère historique. La difficulté, d'ailleurs, est beaucoup plus grande pour le sculpteur que pour le peintre, car celui-ci peut voir et rendre un ensemble, embrasser des horizons, en un mot, chercher la synthèse d'un sujet en l'encadrant de mille manières. Ses procédés sont multiples, celui du sculpteur est unique. Il n'a ni la ressource de l'accumulation des personnages, du groupement des masses, ni celle des perspectives infinies, ni celle des éblouissements de la palette, des irradiations magiques de la couleur : la ligne, le relief, et c'est tout. La peinture est un art souple, séduisant; la sculpture est un art austère où la pensée doit éclater, intense, sans le secours d'aucun artifice. Ce n'est donc pas un mince mérite de symboliser avec des éléments si comptés un fait historique d'importance.

L'ancienne barrière de Clichy est devenue, dans le Paris moderne d'Haussmann, une place où aboutissent de nombreuses et importantes artères vers les quartiers nord et sud de la ville. De quelque côté qu'on l'aperçoive, le groupe imposant de Moncey se découpe harmonieusement.

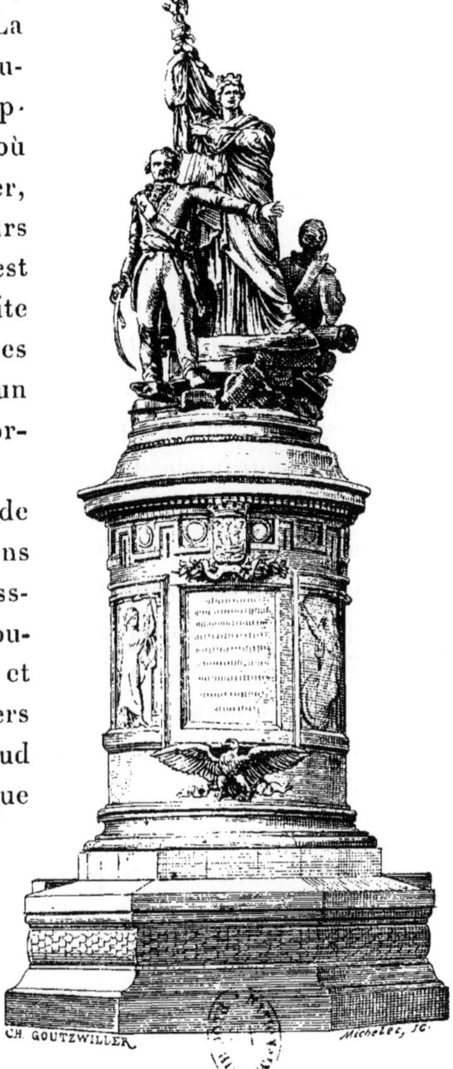

MONCEY. 1754-1842

Sur un socle ovale et élancé, d'une ampleur en parfaite harmonie avec l'ensemble du monument, s'élève l'allégorie en bronze de la défense de Paris. Elle se compose de trois personnages réunissant, dans une trinité patriotique, tous les souvenirs de l'invasion au cœur de la France. Le maréchal Moncey, à la stature martiale, au visage énergique et profondément affecté, tenant d'une main son épée et étendant l'autre devant la ville de Paris, se montre avec l'air de résolution d'un vétéran des grandes guerres, conscient de sa tâche, qui est de défendre et de protéger le sanctuaire de la patrie. A côté de lui se dresse une femme puissante, vêtue d'un long péplum, la tête couronnée d'un faîte de bastions. Son regard profond fait ressortir la beauté de ses traits. Cette femme, dont le visage n'a pas dû souvent se contracter ainsi, n'est autre que la ville de Paris, altière, superbe, méprisante, tenant dans ses mains le drapeau de la France, qu'elle a ramassée et qu'elle porte haut en face de l'ennemi. Elle semble projeter ses regards à l'horizon sur la plaine Saint-Denis où se ruent les hordes du Nord.

L'Europe entière se déchaîne sur la France, et la capitale du grand empire, dont Rome n'est que « la seconde ville », se relève superbe dans son orgueil. Autant le geste du maréchal est noble et vrai, autant la figure de la Ville est imposante d'énergie et de grandeur outragée. Quoi, Paris, la capitale de l'Europe, subit l'affront d'une invasion ennemie ! En un instant la population oublie fêtes et luxe, et court aux barrières. On n'a pas de remparts, on se barricadera, on résistera, et l'amour de la France, faisant battre tous les cœurs, on se défendra quand même. Les Cosaques ne triompheront pas sans coup férir. La garde nationale, principal appoint des forces du duc de Conégliano, fera le coup de feu, aidée de quelques débris du corps de Mortier.

Horace Vernet a peint les gardes nationaux de 1814 dans leurs curieux costumes, défendant la barricade en face du restaurant dit : *le Père Lathuille*. Doublemard, à qui manquait forcément le pittoresque de la scène et des couleurs, nous a représenté plus spécialement l'Ecole polytechnique dans le jeune élève tombant derrière la Ville de Paris sur l'affût d'un canon brisé. L'Ecole polytechnique a inscrit son nom sur le livre d'or des immortels combattants de cette époque. On sait quel rôle glorieux jouèrent ses enfants aux buttes Saint-Chaumont, à la barrière du Trône et à la place Clichy : leur conduite est soulignée par l'histoire. Paris eût été certainement sauvé avec de tels combattants, si le nombre et les autres circonstances de la guerre l'eussent permis. Dans l'œuvre qui nous occupe, Moncey représente l'armée; le polytechnicien, le défenseur improvisé du foyer. Cette idée du sculpteur résume on ne peut mieux la scène historique.

Des bas-reliefs sculptés dans la pierre du piédestal

complètent l'ornementation générale en l'allégeant. Le groupe de la place Clichy est un de ceux qui feront dans l'avenir le plus d'honneur à la statuaire de notre temps et la meilleure preuve qu'il synthétise en tous points et parfaitement la défense, c'est que le sculpteur chargé du monument à élever au plateau de Courbevoie, pour rappeler le siège de 1870, s'en est très visiblement inspiré. L'un est comme le cadet de l'autre; les événements d'ailleurs se ressemblent. Si glorieux qu'ils soient, puissions-nous n'avoir plus de pareils souvenirs à consacrer!

LARREY

COUR DU VAL-DE-GRACE

Larrey est l'incarnation la plus illustre de la chirurgie militaire. La statue élevée par souscription nationale au Val-de-Grâce, dans cet hôpital où il avait professé, est due au ciseau de David d'Angers. Elle représente Larrey, drapé dans un manteau rejeté en arrière, et sous lequel on distingue l'uniforme de chirurgien de la garde. Il tient dans la main gauche un papier, sur lequel sont gravées les paroles du testament de Napoléon Ier, qu'il semble porter vers son cœur par le mouvement que fait le bras. La tête est fine et expressive. Le piédestal est décoré de quatre bas-reliefs, représentant Larrey aux quatre grandes batailles des Pyramides, de Sommo-Sierra, d'Austerlitz et de la Bérésina.

« Le baron Larrey, dit un de ses biographes, résume tous les devoirs et toutes les vertus.... Il fut le premier de sa race. Jusqu'à lui, on avait ignoré la grandeur et l'importance de la chirurgie aux armées. Non seulement, il organisa le service, l'éleva à la hauteur où Napoléon élevait l'édifice de sa puissance militaire, mais il fit plus encore, et c'est là surtout que sa personnalité apparaît brillante et pure; il a l'intrépidité du capitaine le plus brave, la sévère probité du plus intègre administrateur, l'ardeur, l'activité du simple soldat, l'humanité d'un père, le courage du magistrat; il est savant, il aime son art avec passion; son esprit observateur ne laisse échapper aucun phénomène sans en tenir compte; d'ailleurs, d'une bonté, d'une simplicité qui le font chérir de tous.

« Il vit au milieu de la Grande Armée, comme un homme à part, une sorte de providence qu'invoquent tour à tour les amis et les ennemis, les maréchaux de France et les simples soldats. Sa mission, sa magistrature, l'ont placé à la hauteur des chefs suprêmes dont il est le camarade. C'est que lui aussi est général en chef; il a son armée qu'il commande et qu'il fait manœuvrer.... Jamais Larrey n'oublie de sillonner le terrain que l'ennemi vient d'abandonner, de recueillir des blessés comme des frères, d'étancher de ses propres mains le sang de leurs plaies, et de leur prouver que si la France est grande par le courage, elle est aussi grande par l'humanité. »

Cet éloge général de Larrey résume ses hautes qualités. Quelques notes biographiques achèveront de le faire connaître. Né en 1766, à Baudéan (Hautes-Pyrénées), il n'arriva à Paris qu'en 1787 après avoir étudié la médecine à Toulouse, sous son oncle le docteur Alexis Larrey. Il s'embarqua à cette époque pour l'Amérique en qualité de chirurgien aide, et se fit remarquer par son zèle et son intelligence. De retour à Paris, il suivit les leçons de Desault, devint en 1792 aide-major à l'armée du Rhin, où il organisa pour la première fois des *ambulances volantes*, destinées à suivre l'armée et à lui succéder de suite sur les champs de bataille, puis il fit la campagne d'Égypte. Ses observations médicales sur cette campagne sont réunies dans le grand ouvrage de l'Institut d'Égypte. C'est Larrey qui est aux côtés du général en chef Bonaparte dans le célèbre tableau de Gros représentant la peste de Jaffa. Bonaparte, depuis cette campagne où il avait si noblement payé de sa présence, l'ayant remarqué, lui donna le commandement du

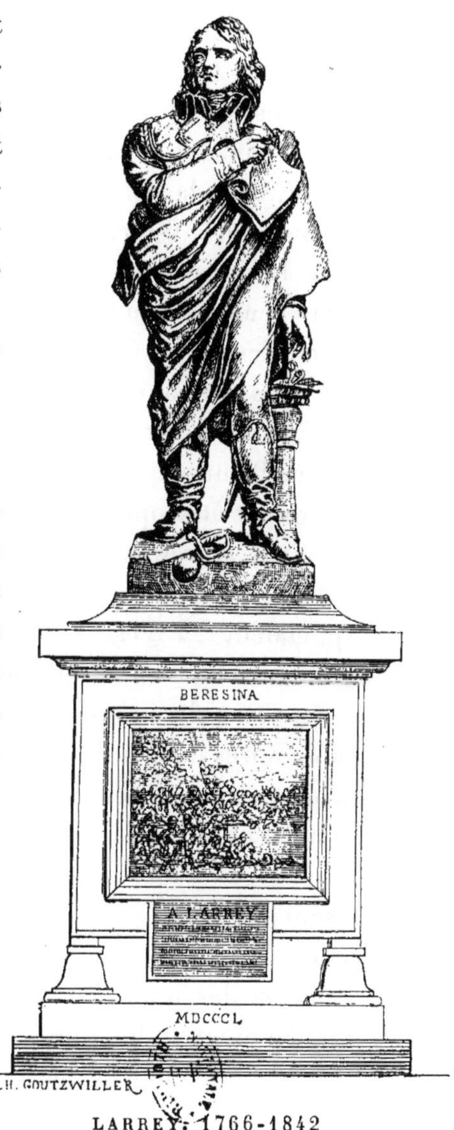

LARREY. 1766-1842

service de santé de toute l'armée, y compris la garde impériale. C'est en cette qualité qu'il assista à la plupart des grandes batailles de l'Empire, et qu'il rendit d'éminents services. Sa conduite fut admirable à Eylau, dans la retraite de Russie, dans la campagne de Saxe, et à Waterloo où il faillit perdre la vie.

A la bataille d'Essling, Cadet de Gassicourt, témoin oculaire d'un trait généreux de Larrey le raconte en ces termes : « On ne sait ce qu'on doit le plus admirer dans ces habiles praticiens, ou de leur courageuse activité ou de la confiance inspirée par eux aux soldats. Ces malheureux, rangés par terre dans l'île Lobau, ne pouvaient être opérés que les uns après les autres; ils voyaient approcher les chirurgiens comme des bienfaiteurs. Lorsqu'on paraissait en négliger un, ils les appelaient : « C'est à moi, disait-il, c'est mon tour, « Messieurs; venez me couper la jambe, mon voisin « peut attendre... » Le brave Larrey surtout est admirable après la bataille; son zèle est infatigable. Après avoir opéré tous les blessés de la garde, il demande si l'on a du bouillon à donner aux malades; sur la négative : « Que l'on en fasse, dit-il, avec ces chevaux qui « sont au piquet. » Ces chevaux se trouvent appartenir à un général qui vient les défendre. « Eh bien! qu'on « prenne les miens, qu'on les tue, et que mes cama- « rades aient du bouillon. » On a exécuté son ordre, et, ne trouvant point de marmites dans l'île, on a fait la soupe dans les cuirasses des soldats. Faute de sel de cuisine, on l'a salée avec de la poudre à canon. Masséna a voulu en manger et l'a trouvée délicieuse. Beaucoup de traits ont figuré dans les bulletins qui valent moins que celui-ci. »

Napoléon disait de Larrey que c'était le plus honnête homme qu'il eût jamais connu ; pour le remercier de son dévouement, il lui léguait 100,000 francs par testament. La Restauration lui ôta ses titres et sa pension, qu'elle lui rendit en 1818 ; il resta néanmoins attaché à la garde royale et devint chirurgien en chef des Invalides et de l'hôpital du Gros-Caillou. Ses travaux scientifiques, ses conférences même en campagne sont assez nombreux et n'ont fait qu'ajouter à sa noble réputation.

NEY

CARREFOUR DE L'OBSERVATOIRE

C'est à l'endroit même où le brave des braves fut frappé par le peloton d'exécution de la vengeance royaliste, que s'élève aujourd'hui sa statue. Ce monument, œuvre de Rude, nous représente le maréchal au milieu de l'action, sabre en main, et poussant ses soldats à la victoire. Tel il devait paraître à Elchingen, à la Moskowa, à la Haie-Sainte, lorsque, dans un de ces élans magnifiques de courage, à travers les balles et les boulets, il entraînait de son exemple et de sa voix les bataillons à l'assaut. Quelle plus noble protestation contre le crime de 1815 que le choix de cette attitude guerrière, aimée du peuple!

Né à Sarrelouis, en 1769, dans une de ces provinces si françaises de cœur, d'un modeste tonnelier, ce soldat de la Révolution était un des parvenus de la bravoure. Ayant combattu sous les ordres de Kléber, de Marceau, de Masséna, de Moreau et du Premier Consul, Ney avait toujours obtenu l'estime particulière de ces généraux, qui s'étaient efforcés de le pousser aux grades. Après les campagnes de la République, il obtint le bâton de maréchal en 1804 et fit toutes les guerres de l'Empire.

Son nom est écrit en lettres d'or à chaque page de cette épopée militaire, à côté de celui des Masséna, des Murat, des Bessières, des Lassalle, des Drouot. C'est une des gloires militaires de la France. Sa triste fin a rendu sa mémoire plus intéressante et plus chère encore.

Atteint par la réaction sanglante qui suivit la révolution du 20 mars, Ney est avec Brune, son illustre collègue, avec Murat, La Bédoyère et maint autre plus obscur, une victime de la contre-révolution. L'hommage qu'on lui a rendu en 1853, en érigeant sa statue sur une place publique, n'efface pas encore de l'histoire cette exécution politique, une des plus grandes fautes de la Restauration. Le simple récit des faits ravivera ces tristes souvenirs.

En 1814, après les événements qui avaient amené la capitulation de Paris et la retraite de l'armée sur Fontainebleau, Ney avait été un des maréchaux qui avaient insisté le plus auprès de Napoléon pour la signature de l'abdication. Rentré de sa personne à Paris, il s'était rallié sans arrière-pensée au gouvernement des Bourbons. Au moment où le comte d'Artois, précédant son frère, entrait à Paris, il lui avait dit : « Monseigneur, nous avons servi avec zèle un gouvernement qui nous commandait au nom de la France. Votre Altesse Royale et S. M. Louis XVIII, son auguste frère, verront avec quelle fidélité nous saurons servir notre roi légitime. »

Le 20 mai 1814, le maréchal Ney était nommé commandant des dragons, des chasseurs, des chevau-légers et des lanciers de France; il fut ensuite fait chevalier de Saint-Louis, pair de France et nommé gouverneur de la 6e division militaire.

Lorsqu'au mois de mars 1815 on apprit le débarquement de Napoléon à Fréjus, Ney, qui se reposait paisiblement dans sa terre des Coudreaux, aux environs de Châteaudun, fut mandé à Paris par le ministre de la guerre, et reçut l'ordre de se rendre immédiatement à Besançon. Il partit, après avoir fait à Louis XVIII des protestations de dévouement, et l'on assure même qu'il lui dit : « Je me charge de vous amener dans une cage de fer le perturbateur de l'Europe. » Il se rendit à Lons-le-Saunier; mais, chemin faisant, il put se convaincre que la population n'était pas favorable à la dynastie qui représentait l'ancien régime. Le 13 mars, après une conférence avec des émissaires de Napoléon, il écrivit au baron Capelle, qui lui reprochait son inaction : « Je ne puis pas arrêter la mer avec la main. » Le 14, il adressa cet ordre du jour aux troupes de la 6e division militaire :

« Officiers, sous-officiers et soldats,

« La cause des Bourbons est à jamais perdue! La dynastie légitime que la nation française a adoptée va remonter sur le trône : c'est à l'empereur Napoléon, notre souverain, qu'il appartient seul de régner sur ce beau pays! Que la noblesse des Bourbons prenne le parti de s'expatrier encore, ou qu'elle consente à vivre au milieu de nous. Que nous importe? La cause sacrée de la liberté et de notre indépendance ne souffrira plus de leur influence. Ils ont voulu avilir notre gloire militaire, mais ils se sont trompés : cette gloire est le fruit de trop nobles travaux pour que nous puissions jamais en perdre le souvenir.

« Soldats! les temps ne sont plus où l'on gouvernait les peuples en étouffant tous leurs droits; la liberté triomphe enfin et Napoléon, notre auguste empereur, va l'affirmer pour jamais. Que désormais cette cause si belle soit la

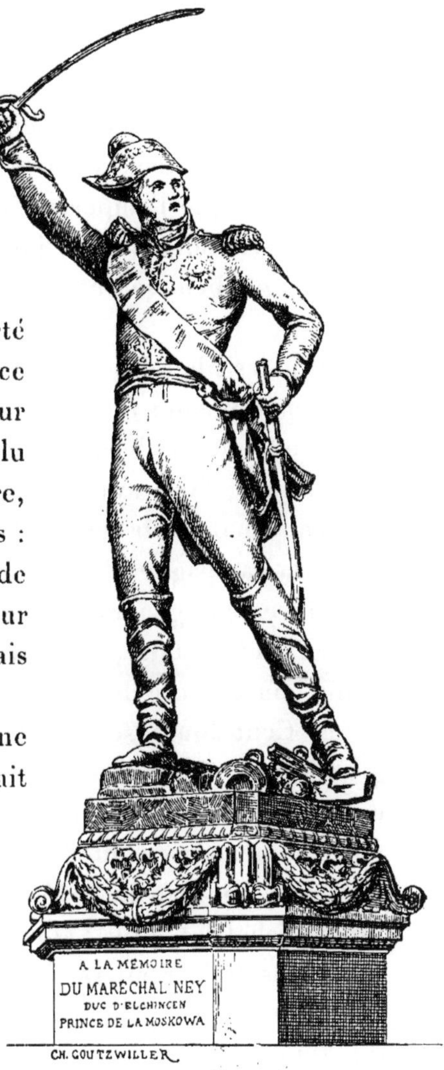

MARÉCHAL NEY. 1769-1815

nôtre et celle de tous les Français! Que tous les braves que j'ai l'honneur de commander se pénètrent de cette grande vérité!

« Soldats! je vous ai menés souvent à la victoire; maintenant je veux vous conduire à cette phalange immortelle que l'empereur Napoléon conduit à Paris, et qui y sera sous peu de jours; et là notre espérance et notre bonheur seront à jamais réalisés. »

Les idées libérales du maréchal éclatent dans cette proclamation, qui fut, avec ses protestations au roi, la pièce la plus à charge de son procès. Vétéran de la République, Ney avait été pourtant par intervalles suspect au pouvoir impérial, et un moment disgracié après la campagne d'Espagne; en 1815, entraîné par le mouvement général des esprits, il se ralliait à son ancien chef militaire, croyant désormais à l'avènement d'une nouvelle ère de paix et de liberté.

Les Cent Jours se passèrent, et Ney prit la plus grande part à la bataille de Waterloo, où sa fougue entraîna la cavalerie trop hâtivement et la fit consommer malheureusement sans grande utilité. Napoléon tombé de nouveau en 1815, les Bourbons reparurent. Le maréchal fut, avec Labédoyère et Lavalette, compris dans les premiers de la liste de proscription, comme étant les principaux auteurs de la révolution du 20 mars, qu'on croyait alors être sortie d'un complot militaire. Désespérant cette fois de rentrer en grâce auprès des Bourbons, et averti par un courrier spécial de la maréchale que sa personne courait les plus grands dangers, Ney, qui se trouvait à Saint-Alban, près de Montbrison, n'ayant pu gagner Lyon pour passer en Suisse à cause de l'occupation autrichienne, quitta cette ville et se dirigea, sous le nom de Descofre, vers le département du Lot, au château de Bessonis, appartenant à des parents du côté de sa femme. Il avait erré vingt-trois jours avant d'y parvenir en changeant trois fois de nom. Il devait attendre là une occasion pour gagner la frontière. Mais ayant commis l'imprudence de laisser en vue, sur un fauteuil du salon, un sabre turc dont le Premier Consul lui avait fait présent, cette arme de prix, richement damasquinée et enrichie d'incrustations, frappa l'attention d'un habitant d'Aurillac, qui se trouvait en visite chez Mme de Bessonis. Celui-ci en parla dans le chef-lieu du Cantal, et un de ses auditeurs lui dit : « Je crois connaître ce sabre; il ne peut appartenir qu'à Murat ou au maréchal Ney. »

Tous les fonctionnaires, à cette époque, voulaient faire oublier leur longue infidélité à la monarchie légitime, et rivalisaient de zèle, malgré la sage recommandation de Talleyrand, leur maître à tous. Le préfet du Cantal, M. Locart, n'hésita pas à lancer dans le Lot quatorze gendarmes avec un capitaine et un lieutenant. Le 5 août, l'escouade entra à Bessonis ; averti de son approche, le maréchal pouvait fuir, mais il était fatigué de la lutte et découragé par les calomnies qui se propageaient contre lui. Un journal avait annoncé que dans sa dernière entrevue avec Louis XVIII, Ney avait sollicité et obtenu une gratification de 500,000 francs. En apercevant les gendarmes dans la cour, il ouvre la fenêtre et s'écrie :

« Que désirez-vous ?

— Nous cherchons le maréchal Ney.

— Que voulez-vous de lui ?

— L'arrêter.

— Eh bien ! montez, je vais vous le faire voir. »

Le capitaine monte, et le maréchal lui ouvre la porte en disant tranquillement : « Je suis Michel Ney. »

Transféré à Paris, le maréchal fut traduit, le 10 novembre, devant un conseil de guerre composé de Masséna, Augereau et Mortier, et que présidait un des doyens de l'armée, le maréchal Jourdan. On avait d'abord réservé la présidence au glorieux Moncey, qui, pour avoir eu le courage de se récuser par une lettre pleine de grandeur d'âme, fut destitué et emprisonné pendant deux mois, à l'âge de plus de soixante ans. Voici cette lettre mémorable :

« Sire, placé dans la cruelle alternative de désobéir à Votre Majesté ou de manquer à ma conscience, je dois m'expliquer. Je n'entre pas dans la question de savoir si le maréchal Ney est innocent ou coupable ;

votre justice et l'équité de ses juges en répondront à la postérité, qui juge dans la même balance les rois et les sujets. Ah! Sire, si ceux qui dirigent vos conseils ne voulaient que le bien de Votre Majesté, ils lui diraient que l'échafaud ne fit jamais des amis. Croient-ils donc que la mort est si redoutable pour ceux qui la bravèrent si souvent?

« Sont-ce les alliés qui exigent que la France immole ses citoyens les plus illustres? Mais, Sire, n'y a-t-il aucun danger pour votre personne et votre dynastie à leur accorder ce sacrifice? Car après avoir désarmé la France à ce point que, dans les deux tiers de votre royaume il ne reste pas un fusil de chasse, pas un seul homme sous les drapeaux, pas un canon attelé, les alliés veulent-ils donc vous rendre odieux à vos sujets en faisant tomber les têtes de ceux dont ils ne peuvent prononcer les noms sans rappeler leur humiliation?

« Qui? Moi! j'irais prononcer sur le sort du maréchal Ney! Mais, Sire, permettez-moi de demander où étaient les accusateurs pendant que Ney parcourait tant de champs de bataille? Ah! si la Russie et les alliés ne peuvent pardonner au prince de la Moskowa, la France peut-elle donc oublier le héros de la Bérésina?

« C'est à la Bérésina, Sire, que Ney sauva les débris de l'armée. J'y avais des parents, des amis, des soldats enfin, qui sont les amis de leurs chefs; et j'enverrais à la mort celui à qui tant de Français doivent la vie, tant de familles leurs fils, leurs époux, leurs pères! Non, Sire, et s'il ne m'est pas permis de sauver mon pays ni ma propre existence, je sauverai du moins l'honneur. S'il me reste un regret, c'est d'avoir trop vécu, puisque je survis à la gloire de ma patrie. Quel est, je ne dis pas le maréchal mais l'homme d'honneur qui ne sera pas forcé de regretter de n'avoir pas trouvé la mort sur les champs de Waterloo? Ah! si le malheureux Ney eût fait là ce qu'il avait fait tant de fois ailleurs, peut-être ne serait-il pas traîné devant une commission militaire, peut-être ceux qui demandent aujourd'hui sa mort imploreraient sa protection!

« Excusez, Sire, la franchise d'un vieux soldat, qui, toujours éloigné des intrigues, n'a jamais connu que son métier et la patrie. Il a cru que la même voix qui a blâmé les guerres d'Espagne et de Russie pouvait aussi parler le langage de la vérité au meilleur des rois. Je ne me dissimule pas qu'auprès de tout autre monarque ma démarche serait dangereuse et qu'elle peut m'attirer la haine des courtisans; mais si en descendant dans la tombe je peux m'écrier, avec un de vos plus illustres aïeux : « Tout est perdu hormis l'hon« neur », alors je mourrai content. »

Le procès dura trois mois et donna lieu à un grand déploiement de forces autour de la Cour d'assises et de la Chambre des pairs, la foule étant très sympathique à l'accusé. A l'intérieur de l'audience, au contraire, les mêmes femmes élégantes qu'on vit danser de joie aux Tuileries avec les alliés en 1814, sous les fenêtres du roi légitime, se faisaient remarquer par leur attitude hostile, qui n'avait rien à envier à celle des fonctionnaires zélés. MM. Berryer père et fils et Dupin étaient au banc de la défense.

Le maréchal, déclinant la compétence de la Cour d'assises, réclama, comme pair de France, d'être jugé par une plus haute juridiction. Ce fut un moyen de défense très regrettable, conseillé par ses avocats, car, admis avec empressement par les maréchaux heureux de trouver cette issue pour n'avoir pas à juger un collègue estimé, Ney se trouvait renvoyé devant la Chambre des pairs, uniquement composée de représentants des vieilles familles monarchistes, nommés par le pouvoir et imbus des idées les plus vindicatives contre la Révolution. Sauf cinq membres, tous les pairs, très royalistes, votèrent la condamnation à mort.

En vain, comme nouveau moyen de défense, les avocats du maréchal invoquèrent-ils cette fois l'article 12 de la convention militaire de la capitulation de Paris du 2 juillet précédent, qui promettait l'indulgence et le pardon aux opinions politiques. Wellington, consulté, ne s'honora pas en élevant une voix généreuse en faveur d'un illustre soldat son adversaire : il assura que cette convention était toute militaire et n'engageait pas Louis XVIII. En vain la maréchale se présenta-t-elle aux Tuileries pour implorer la commisération du monarque. Le gentilhomme de la chambre, M. de Duras, la reçut par ces mots : « Il est trop tard ! » Et de fait on avait brusqué l'exécution sitôt la sentence, à l'insu de la famille, pour éviter toute sollicitation *in extremis*.

Le 7 décembre, le jour même de l'entrevue déchirante des adieux à ses enfants, Ney, qui occupait une chambrette au Luxembourg, quitta ce palais et, guidé par les gardes de la maison du roi, monta en fiacre, croyant être conduit à la plaine de Grenelle, où son courageux ami La Bédoyère avait été fusillé quelque temps auparavant. Le fiacre s'arrêta le long de l'avenue de l'Observatoire : on fit descendre le maréchal. Le bruit avait été habilement répandu que l'exécution devait avoir lieu sur la plaine de Grenelle, afin de soustraire le crime aux yeux de la foule, qu'on craignait.

Le maréchal ayant fait ses adieux au curé de Saint-Sulpice, qui l'accompagnait, et lui ayant remis le peu d'argent qui lui restait pour les pauvres, se dirigea d'un pas assuré vers l'endroit de son supplice. On lui proposa de lui bander les yeux :

« A quoi bon, dit-il; ne savez-vous pas qu'il y a vingt-cinq ans que je suis habitué à regarder en face les balles et les boulets? »

Puis ouvrant sa poitrine aux balles, après avoir

commandé lui-même le feu, il tomba bravement au cri de : Vive la France, et après avoir protesté devant la postérité de son innocence.

La postérité se chargea de réhabiliter sa mémoire : cette idée fut toujours chère au peuple. Après la révolution de 1848, un cénotaphe fut improvisé sur le lieu du supplice. Un décret du Gouvernement provisoire, en date du 18 mars, portait : « Un monument sera élevé au maréchal Ney, sur le lieu même où il a été fusillé. »

Le 6 avril 1852, le président de la République ordonna qu'il serait ouvert au ministère de l'Intérieur, de l'Agriculture et du Commerce, sur l'exercice 1852, un crédit extraordinaire de 50,000 francs, applicable aux frais d'exécution de ce monument.

Il se compose d'une statue en bronze modelée par François Rude et fondue par Eck et Durand. Une inscription placée sur le piédestal, en marbre blanc, porte ces mots :

A LA MÉMOIRE
DU MARÉCHAL NEY, DUC D'ELCHINGEN
PRINCE DE LA MOSKOWA
7 DÉCEMBRE 1853

Le piédestal repose sur un soubassement de granit rouge, et le monument est entouré d'une grille circulaire devant laquelle on avait étendu pour la cérémonie d'inauguration, le 7 décembre 1853, un tapis de velours barré d'une croix d'argent. On avait élevé sur trois côtés autour de la statue des tribunes ornées de trophées, de drapeaux, d'aigles dorés. Un prince de la famille impériale, représentant le chef de l'État, tous les ministres, les maréchaux de France, les amiraux, le commandant supérieur de la garde nationale, l'état-major de l'armée de Paris, le prince de la Moskowa, général de brigade et sénateur, le duc d'Elchingen, général de brigade, et le comte Edgar Ney, fils du maréchal ; Dupin aîné, dont cette grande cause avait marqué les débuts, une foule d'autres notabilités de tout rang entouraient la statue.

Des délégations de toutes les troupes étaient massées en face. On remarquait à leur tête une députation d'invalides armés de lances et un certain nombre de vétérans du premier Empire avec leurs costumes pittoresques. Un chœur se fit entendre : l'archevêque de Paris, précédé de la croix, s'avance à la tête du clergé métropolitain et bénit le monument. Les tambours battirent aux champs, des fanfares retentirent et le canon gronda. La statue fut découverte. Le ministre de la guerre célébra la gloire militaire de Ney et sa réhabilitation, obtenue après trente-huit ans écoulés. Dupin aîné, dans un éloquent discours, s'écria : « Non, la condamnation du maréchal Ney ne fut pas juste, car elle a été prononcée au mépris d'une capitulation. » On applaudit, l'armée défila et fit le salut militaire; la députation de Sarrelouis déposa une couronne et la foule se retira sous le coup d'une émotion profonde.

NAPOLÉON Ier

PLACE VENDOME

C'est à Louvois, ministre et surintendant des bâtiments sous Louis XIV, qu'est due l'idée première d'une place mettant en communication la rue Saint-Honoré et la rue des Petits-Champs. Louvois portait un vif intérêt à son quartier, aussi voulut-il que la place, dont les plans et les achats de terrains venaient d'être approuvés par le roi en 1685, eût des proportions grandioses et qu'on y bâtit sur ses côtés des établissements publics. On acheta tous les enclos qu'y possédait César de Vendôme, fils légitimé d'Henri IV et de Gabrielle d'Estrées. Jules Hardouin Mansart donna bientôt les dessins. La place s'édifia peu à peu, et, en 1699 le 13 août, on la décorait d'une statue de Louis XIV, œuvre de Girardon.

Le gouverneur de Paris d'alors, M. de Gesvres, se souvenant de la récente flatterie de La Feuillade, fit une cérémonie d'inauguration qui rappelait celle de la place des Victoires. Quant au monument, il se composait, outre la statue, d'un colossal piédestal de marbre blanc de 30 pieds de haut sur 24 de long et 13 de large; il était orné de cartels, de bas-reliefs et de trophées en bronze doré sculptés par Coustou. Sur ses quatre faces étaient des inscriptions latines, composées par l'Académie des inscriptions et belles-lettres, relatives aux grandes actions du monarque et exprimant particulièrement la reconnaissance de la ville de Paris.

En 1792, la statue fut détruite et fondue. La place Vendôme s'appela *place des Piques*. Cette section des Piques fut une des plus chaudes et des plus remuantes : Robespierre en faisait partie. Le 24 janvier 1793, on y célébra les funérailles de Le Peletier-Saint-Fargeau, dont le lit de mort fut placé sur le piédestal de la statue détruite. Le 19 février 1796, on y brisa et brûla solennellement tous les instruments qui avaient servi à la fabrication des assignats.

A la fin de 1805, après la mémorable campagne d'Ulm et d'Austerlitz, l'empereur décréta qu'une colonne faite de bronze avec les 1,200 canons autrichiens et russes, serait érigée à Paris pour éterniser les victoires de la Grande Armée. Les Romains, qui se croyaient prédestinés à la conquête du monde, n'avaient pas agi autrement. C'est par des arcs de triomphe, des colonnes monumentales, de fastueux trophées, qu'ils attestèrent à leur époque et dans les différentes contrées qu'ils avaient asservies l'éclat de leurs conquêtes.

Napoléon, enclin à les imiter, décida donc que la colonne d'Austerlitz devait avoir les proportions de la colonne Trajane et qu'elle serait élevée sur la ci-devant place Vendôme. Le baron Denon, directeur général des musées, fut chargé d'en surveiller l'exécution. Celui-ci choisit le peintre Bergeret pour composer les dessins des bas-reliefs qui montent en spirale autour de la colonne, Peyre pour l'architecte, et le célèbre Chaudet pour sculpter la statue de l'empereur.

« Les dessins mis à exécution dans ce beau et grand monument, écrit Bergeret lui-même, portent 845 pieds de développement; j'en fis près de 1,000 dans l'espace de quatorze mois. Ce surcroît de travail fut occasionné par des changements qu'il fallait faire, tantôt

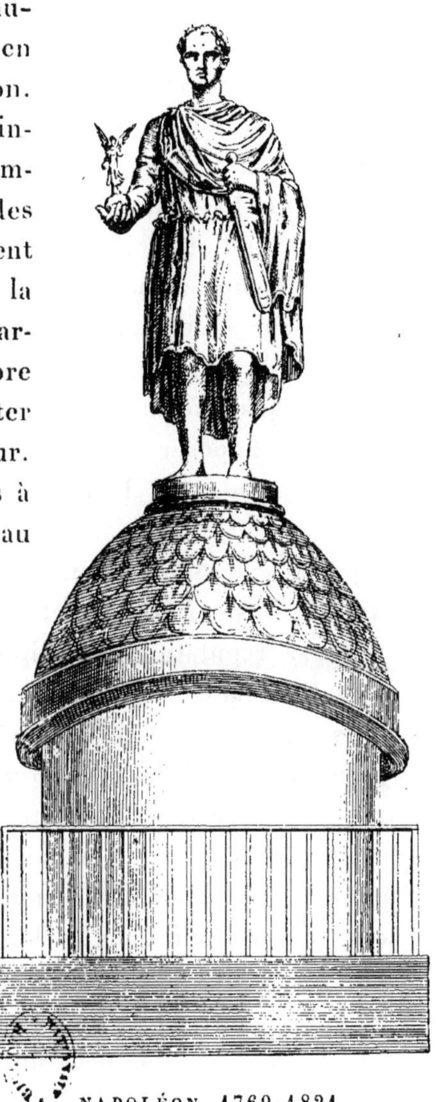

NAPOLÉON. 1769-1821

à la demande d'un prince, tantôt à la demande d'un général, d'un colonel, etc. ; ce qui devenait extrêmement fatigant et nous faisait perdre un temps assez considérable. Après une scène fort vive que j'eus à ce sujet avec le général Lannes, qui voulait être sur le premier plan du bas-relief, quoique rien dans le programme ne l'indiquât, il me vint en pensée de faire arrêter les compositions, qui devaient être exécutées, par l'empereur. Je communiquai mon projet à M. Denon, qui l'adopta et qui, effectivement, porta un jour à Napoléon une quantité considérable de ces dessins, sur lesquels il fit apposer *la griffe du lion*, ce qui mit fin à des sollicitations qu'il devenait fort difficile d'éluder. »

Bergeret s'adjoignit, pour l'aider dans cet important travail, Bosio, Delaistre, et Bartolini qui commençait alors sa réputation de sculpteur. D'autres, parmi lesquels Beauvallet, Bridan fils, Descine, Dumont, Gois fils, Petitot, Taunay, exécutèrent les dessins de Bergeret. Denon, dont le coup d'œil voyait grand et pour qui la théorie des arts n'avait pas de secrets, s'acquitta de la tâche de mener la direction de ce monument à la satisfaction générale.

Le piédestal réunit dans sa décoration des armures, des enseignes, des machines de guerre, des costumes russes et autrichiens fort bien ajustés, et, sur la porte de l'escalier, deux Victoires qui tiennent une table où se lit cette inscription :

NAPOLIO. IMP. AUG.

MONUMENTUM. BELLI. GERMANICI

ANNO. M.D.CCC.V.

TRIMESTRI. SPATIO. DUCTU. SUO. PROFLIGATI.

EX ÆRE. CAPTO.

GLORIÆ. EXERCITUS. MAXIMI. DICAVIT.

Ce côté est de Gérard; Renaud a fait celui qui est opposé, Beauvallet les deux autres. Gillé est l'auteur de tous les ornements, vrais chefs-d'œuvre de composition. Quant aux dessins de la spirale, ils représentent les plus beaux exploits de la campagne de 1805, depuis le départ des troupes du camp de Boulogne jusqu'à la conclusion de la paix après la bataille d'Austerlitz.

Commencée le 25 août 1806, la colonne fut terminée et inaugurée le 15 août 1810, jour de la Saint-Napoléon. De grandes réjouissances, telles que des bals publics place de la Concorde sous quatre temples élevés exprès, les illuminations du soir, jointes aux spectacles gratuits où l'on jouait la pièce composée pour la circonstance et intitulée : *Le Triomphe de Trajan*, l'ouverture de la rue Napoléon, devenue depuis rue de la Paix, telles furent sommairement ces fêtes mémorables. Napoléon y parut. C'est ce que le poète, jeune encore en 1810, année la plus triomphante de l'Empire, mais non moins ébloui, nous rappelle en ces vers :

Oh! quand par un beau jour, sur la place Vendôme,
Homme dont tout un peuple adorait le fantôme,
Tu vins grave et serein,
Et que tu découvris ton œuvre magnifique,
Tranquille, et contenant d'un geste pacifique
Tes quatre aigles d'airain;

A cette heure où les tiens t'entouraient par cent mille,
Où, comme se pressaient autour de Paul Émile
Tous les petits Romains,
Nous, enfants de six ans, rangés sur ton passage,
Cherchant dans ton cortège un père au fier visage,
Nous te battions des mains...

L'escalier qui conduit à la statue a 180 marches. Les dimensions de hauteur dépassent celles de la colonne Trajane. Etait-ce une flatterie? La statue de l'empereur haute de 10 pieds, par Chaudet, dont celle d'aujourd'hui est la copie, représente Napoléon en empereur romain, tenant une Victoire de la main droite sur le globe du monde.

Son histoire s'est ressentie de nos vicissitudes politiques. Abattue et détruite en 1815 par les alliés et les royalistes qui éprouvaient une peine semblable à supporter sa vue, elle fut remplacée par un drapeau blanc à fleurs de lis. 1830 remit un Napoléon sur la colonne, mais avec la fameuse redingote grise.

Le programme du concours le voulait ainsi, et ce fut le sculpteur Seurre qui obtint le prix. Pour remplacer l'ancien bronze de la statue, dont le gouvernement royal avait disposé, on rechercha dans les arsenaux de vieilles pièces de canon étrangères appartenant autant que possible à la campagne de 1805. L'arsenal de Metz contenait justement encore seize canons provenant des conquêtes faites sur les Russes et les Autrichiens à la bataille d'Austerlitz. On les employa à couler le Napoléon en redingote officiellement accepté.

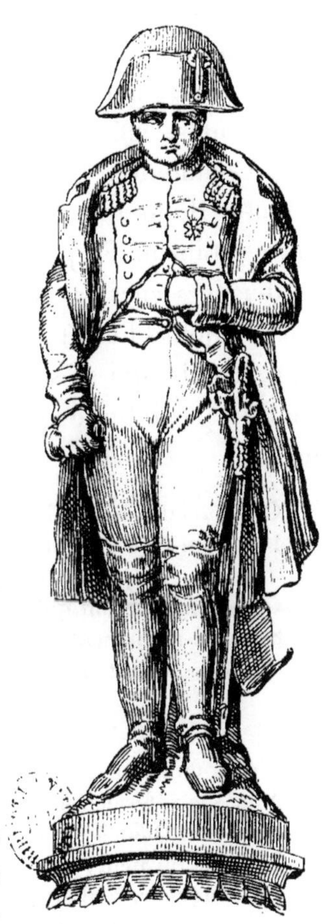
NAPOLÉON EN REDINGOTE GRISE

Une dernière humiliation était réservée à ce monument de gloire nationale. En 1871, à l'heure où une insurrection formidable, faite sous les yeux de l'ennemi, s'était emparée de la capitale de la France et avait mis en fuite tous les honnêtes gens, la Commune de Paris décréta le renversement de la colonne Vendôme, sur la proposition du peintre Courbet, et y assista en corps du haut du balcon du Ministère de la Justice. On prépara de puissants cabestans et des couches épaisses de fumier, et le jour dit, la colonne d'Austerlitz tomba à la joie des Prussiens qui n'avaient pas osé commettre un tel acte de vandalisme et de bassesse.

En 1874, le maréchal de Mac Mahon, président de la République, ordonna sa reconstruction, et les morceaux, pieusement conservés au Palais de l'Industrie et remontés, effacèrent la trace matérielle du crime de la Commune.

Victor Hugo aimait à répéter qu'on se sentait « fier d'être Français en passant devant la colonne ». Et si les derniers survivants des grandes guerres sont tous morts aujourd'hui et ne peuvent plus y venir en pèlenage, les fils, qui se souviennent, ne reliront pas sans émotion patriotique quelques-unes des strophes du poète [1] :

Oh! quand il bâtissait, de sa main colossale,
Pour son trône, appuyé sur l'Europe vassale,
Ce pilier souverain,
Ce bronze, devant qui tout n'est que poudre et sable,
Sublime monument, deux fois impérissable,
Fait de gloire et d'airain.

. . . .

C'était un beau spectacle! — Il parcourait la terre
Avec ses vétérans, nation militaire
Dont il savait les noms;
Les rois fuyaient; les rois n'étaient point de sa taille;
Et vainqueur, il allait par les champs de bataille,
Glanant tous leurs canons.

. . . .

1. Victor Hugo, deuxième Ode à la Colonne.

Et puis, il revenait avec la grande armée,
Encombrant de butin sa France bien-aimée,
Son Louvre de granit,
Et les Parisiens poussaient des cris de joie,
Comme font les aiglons, alors qu'avec sa proie
L'aigle rentre à son nid !

Les tempêtes ont passé sur la France depuis le jour où l'illustre poète lançait à sa génération ces strophes enflammées. La vue de ce trophée nous console encore des deuils de la patrie.

Enfin, si nous jugeons cette colonne sous le rapport plastique, nous dirons qu'elle ne cesse de produire un effet étonnant par sa masse importante et son heureuse position ; elle offre au centre d'un des plus beaux quartiers de Paris un point de vue superbe, soit qu'on la regarde des Tuileries, ou du boulevard. Si l'on s'en approche pour en examiner les détails, l'œil étonné reporte sur elle toute la magnificence des palais qui l'entourent. C'est un ensemble nouveau chez les peuples modernes ; et si l'on excepte Rome, aucune capitale de l'Europe n'en offre l'équivalent.

Quant à la statue de Napoléon Ier en redingote grise retirée en 1864, elle fut transportée au rond-point des Bergères, à Courbevoie, où elle resta jusqu'en 1871 sur son piédestal, regardant Paris, faisant face à l'arc de triomphe de l'Etoile. La Commune s'en empara et la jeta dans la Seine. On eut bien de la peine à la retirer, et depuis nous ne savons ce qu'elle est devenue. Une statue semblable existe dans la grande cour d'honneur de l'hôtel des Invalides sous l'arcade centrale du premier étage. Le visiteur pourra, en la contemplant, se rendre compte des traits et de la mise ordinaire de Napoléon.

Une double statue de ce grand homme est d'ailleurs de circonstance dans Paris, car parmi tous les souverains français, Napoléon est celui qui a dépensé le plus d'argent en travaux publics. Consacrant plusieurs centaines de millions tirés des revenus de la liste civile et surtout du domaine extraordinaire — sans cesse accru par les contributions de guerre venant de l'étranger — à embellir et à restaurer les palais et les monuments, on s'explique comment, dans un règne aussi court, traversé par tant de guerres soutenues ou provoquées, il ait pu faire tant à la fois. Sous son règne, en effet, outre les châteaux de Fontainebleau, de Meudon, Saint-Cloud, Versailles et Compiègne, qui furent remis en état, on vit restaurer ou achever les Invalides, Notre-Dame, Saint-Denis, le Panthéon et les barrières monumentales; tracer et bâtir la rue de Rivoli, les quartiers de la Madeleine et Saint-Lazare ; commencer la réunion du Louvre aux Tuileries, décorer le Carrousel et la place de l'Étoile de deux arcs de triomphe, chefs-d'œuvre chacun dans leur genre, orner la place Vendôme et la place du Châtelet de la colonne d'Austerlitz et de la fontaine du Palmier. En même temps trois ponts étaient jetés sur la Seine dans la traversée de Paris; la rivière était grandiosement endiguée, le Louvre décoré par une pléiade d'artistes recevait les dépouilles opimes de l'Italie et de l'Allemagne; le temple de la Gloire (Madeleine), le Corps législatif, la Bourse, sortaient de terre.

Joignant à l'édification de ces monuments l'intelligence des besoins pratiques de la population, Napoléon décrétait la Halle aux vins et les Abattoirs, achevait la Halle aux blés, de vastes marchés, des greniers d'abondance, des fontaines dans les centres populeux, enfin creusait les canaux de l'Ourcq et de Saint-Quentin pour amener l'eau et les denrées aux Parisiens.

Après avoir relevé la soierie lyonnaise, il porta ses largesses sur l'industrie parisienne : le Marais et le faubourg Saint-Antoine reçurent des commandes en meubles et en bronzes qu'on peut évaluer à soixante millions. Napoléon avait encore de grands projets que la chute prématurée de l'Empire, amenée par sa faute, l'empêcha de réaliser. Il ne faut pas s'étonner dès lors de la popularité qu'il eut à Paris jusqu'aux derniers jours de son pouvoir auprès des ouvriers qui l'avaient surnommé : *le grand entrepreneur*.

BICHAT

COUR DE L'ÉCOLE DE MÉDECINE

Ce serait un piquant chapitre à ajouter à l'histoire déjà faite des enfants célèbres que l'étude de ces hommes morts dans le printemps de la vie et dans tout l'éclat d'une grande renommée, laissant leur œuvre inachevée. La mort cruelle n'a de condescendance pour rien : elle fauche, du même œil sec, les épis mûrs et ceux qui promettaient une riche moisson.

Pallida mors æquo pulsat pede
Pauperum tabernas regumque turres.

Le génie n'est pas plus épargné que la fortune et la puissance; l'égalité devant la fin humaine est complète. Ces réflexions nous sont suggérées par la trop rapide carrière de Bichat, enlevé à la science dans la fleur de l'âge et du talent. Chaque branche élevée des aspirations humaines, chaque carrière a ainsi ses jeunes victimes. Si la science se voit enlever entre autres enfants Pascal et Bichat; l'art pleure Xavier Leprince, Michallon, Géricault, Henri Regnault; la poésie et la musique voient mourir Gilbert et Musset, Mozart, Chopin et Bizet; la guerre : Hoche, Desaix, Marceau, Lannes et Lassalle, pour ne citer que quelques noms, venus sans effort sous notre plume. Ce sont là les deuils les plus poignants d'un pays, comme pour une mère est plus douloureuse que toute autre la perte d'adolescents chéris.

Bichat est digne de profondes sympathies. Outre qu'il était le fils de ses œuvres, on peut dire qu'il est mort victime de son ardeur au travail. Son nom est pour la médecine de nos jours le synonyme de *révolution*, car c'est à lui en grande partie qu'est due la méthode toute de progrès désormais suivie dans cette science. Avant Bichat, l'École de Paris comptait sans doute dans son sein des hommes de talent, mais chacun avait sa manière et ses idées, et l'accord ne régnait guère entre eux : Chaussier, idolâtre d'Hippocrate et de Stahl, recommandait l'étude des lois de la vie et voulait qu'on les étudiât dans les seuls êtres vivants, indépendamment de toute application physique ou chimique; Hallé portait la physiologie dans l'hygiène, qu'il soumettait à de lumineuses divisions; Corvisart proclamait l'utilité de l'anatomie pathologique et de l'application de la physiologie à la pathologie; Pinel ne voyait que par l'expérience et l'observation, méprisait l'hypothèse et fondait sa nosographie sur la distinction des tissus. Bichat survint et vit rapidement quel parti il pourrait tirer des circonstances. Il médita dès lors la reconstruction de l'édifice médical tout entier.

Jusques à lui les médecins avaient été tour à tour

physiciens, chimistes, humoristes et mathématiciens. Sans méconnaître les points déjà acquis, notamment le degré de perfectionnement auquel était arrivée la chirurgie, grâce à Desault, Bichat comprit tout de suite les points faibles de l'état scientifique et porta sur eux ses efforts. La thérapeutique ou la science des remèdes était notamment dépourvue de toutes règles fixes, abandonnée au *tact médical*, ou plutôt à l'empirisme et à la routine décorée du nom d'expérience. Toutes les parties de l'art de guérir étaient isolées les unes des autres, et parfois se contredisaient. Bichat fit consister son système dans une synthèse qui peut se résumer ainsi : le dépouillement de toute hypothèse, la recherche unique des phénomènes de la vie dans un corps sain et malade par l'anatomie, la distinction des tissus, l'observation des effets locaux et généraux des médicaments, enfin les résultats de l'ouverture des cadavres.

Il gagnait la confiance publique dans ses cours où il étonnait ses auditeurs par la sûreté avec laquelle il démontrait les phénomènes connus et coordonnait aux anciens ceux qu'il venait de découvrir. En même temps il détruisait le système anatomique de Desault, en le simplifiant du tout au tout et en le ramenant à la connaissance fondamentale des tissus, dont il avait emprunté l'idée première à Pinel, mais qu'il lui était réservé de développer en en montrant l'importance dans tous les actes de la vie.

Cette idée mère est devenue une des bases de la médecine moderne. L'étude des tissus de l'organisme, leur liaison entre eux, leur rôle, leur ensemble mû par ce qu'il appela *la force vitale*, telle est, en peu de mots, l'inspiration première de Bichat qu'il développa dans ses ouvrages et dans ses cours pratiques. Cette conquête a été reconnue partout, même à l'étranger, où les noms de Pinel et de Bichat sont justement célèbres.

Né en 1771, dans un obscur village de l'Ain, Bichat fit ses premières études de médecine sous la direction de son père, docteur de la faculté de Montpellier. Il compléta ses humanités à Nantua et à Lyon où il débuta, en

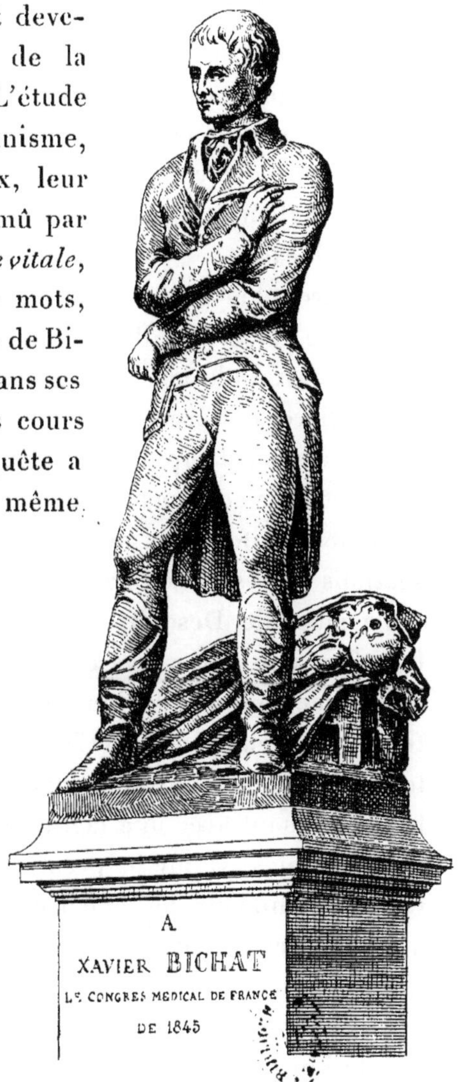

BICHAT. 1771-1802

1791, dans l'étude de l'anatomie qui l'attirait par-dessus tout. Plusieurs fois il remplaça en chaire son maître le professeur Petit, et avec succès. — Il se montra dès sa jeunesse un disciple du système pratique et opératoire qui commençait alors à prendre le dessus sur le système théorique, en médecine surtout, le moins efficace.

Les troubles de Lyon, survenus en 1793, le forcèrent à se réfugier à Paris. Sur ce théâtre plus vaste et plus favorable aux réputations naissantes, Bichat put se livrer entièrement encore à la chirurgie; bientôt remarqué, il supplée Desault, son maître, dans ses cours et dans ses consultations, menant également de front les conférences avec ses collègues et les dissections incessantes à l'amphithéâtre.

La mort de Desault, en 1795, vint à point pour lui offrir une place très en vue. Il terminait alors le quatrième volume du journal de ce chirurgien distingué, et peu après, en 1797, il faisait régulièrement le cours d'anatomie, apportant des idées nouvelles, les expliquant avec une facilité et un soin tout à fait remarquables. Il fut le premier à étendre aux cadavres des animaux les expériences de physiologie et à étudier les maladies des os. Il dirigeait les dissections de plus de quatre-vingts élèves. En 1800, il publiait le *Traité des membranes*, premier échelon de sa réputation et était nommé médecin de l'Hôtel-Dieu. En 1801, il mit au jour son *Anatomie générale*. Cette existence surchargée de travail et passée au milieu des émanations de pièces anatomiques lui fit contracter une maladie mortelle. Il s'évanouit plusieurs fois au milieu de ses cours et succomba, le 22 juillet 1802, au bout de vingt-deux jours de maladie.

Cette perte fut vivement sentie; tous les élèves de l'École de médecine suivirent son corps au cimetière. Corvisart écrivit au premier Consul : « Bichat vient de mourir sur un champ de bataille qui compte aussi plus d'une victime : personne en si peu de temps n'a fait tant de choses et aussi bien. » Dix jours après, le gouvernement décidait que son nom serait inscrit à côté de celui de Desault sur un monument élevé, à l'Hôtel-Dieu, en l'honneur de ces deux grands hommes.

Ceux qui le connurent parmi ses contemporains ont laissé sur son caractère privé des notes précieuses. Simple, affable, sans morgue pour ses rivaux ou ses contradicteurs, toujours prêt à obliger ou à encourager les talents, Bichat ne comptait que des amis et pardonnait facilement à ceux qui avaient pu l'offenser. Sa mémoire n'a donc rien à redouter, de quelque côté qu'on l'examine. Ses travaux et ses découvertes fécondes lui assurent une place parmi les premiers médecins français, et c'est ce que reconnaissait solennellement le congrès médical de 1845, réuni à Paris, lorsqu'il décrétait l'érection d'une statue à Bichat dans la cour de l'École de médecine, devant cet élégant campanile de l'architecture grecque, resté un des plus beaux spécimens de la renaissance antique.

C'est là, devant ce temple corinthien qu'on dirait avoir été transporté des rivages de la Grèce pour orner Paris, qu'apparaît dans toute sa profonde attitude de penseur le jeune Bichat, sculpté par David d'Angers. Le fougueux artiste a fait passer dans son modèle une partie de cette énergie austère qui fut une des marques de son tempérament. Bichat est représenté debout, vêtu de l'habit français, la tête nue, les bras appuyés sur la poitrine, la main droite élevant une plume, la gauche tenant un manuscrit sur lequel on lit : *De la vie et de la mort. Anatomie générale.* A terre sont des instruments de chirurgie, et, derrière lui, un écorché à demi enveloppé dans une draperie. C'est encore David d'Angers qui nous représente Bichat dans le fronton du Panthéon, mourant, en déposant ses ouvrages sur l'autel de la Patrie. Quelle plus belle place pouvait être donnée à cet illustre victime du devoir, que celle de la cour de l'École où aiment à se rassembler les étudiants ? Que d'exemples et de vertus n'évoque-t-elle pas à leurs esprits cette statue si fièrement campée du jeune soldat de la science ! La postérité confirmera le jugement du congrès de 1845 et, tant que la médecine soulagera les souffrances, le nom de Bichat sera honoré et glorifié.

PRINCE EUGÈNE

JARDIN DE L'HOTEL DES INVALIDES

La statue du prince Eugène de Beauharnais, illustre général de l'armée française, devenu fils adoptif de Napoléon Ier par le mariage de ce dernier avec Joséphine Tascher de la Pagerie, veuve du général Alexandre de Beauharnais, s'élevait, sous le régime précédent, à l'angle du boulevard Voltaire et de l'avenue Parmentier, en face la mairie du onzième arrondissement. Bien que la mémoire de ce héros soit presque exclusivement militaire, la République n'a pas cru devoir lui conserver son ancien emplacement et l'a relégué aux Invalides. Eugène, sculpté par Dumont, est représenté en costume de général du premier Empire, culotte de peau, hautes bottes, habit de la garde, et revêtu du grand manteau d'ordonnance tel qu'il le portait à la retraite de Moscou. Sa main gauche s'appuie sur son sabre, dont la lame connaît l'ennemi ; sa droite tient un rouleau de papier, ordre écrit ou capitulation reçue. Le bronze est sorti des ateliers de MM. Thiébault.

Cette statue fait bonne figure dans le parterre de gauche du jardin des Invalides. Le nouveau piédestal n'a reçu aucune inscription. Quant à l'ancien, resté sur le même emplacement, il porte maintenant le tribun de 1848, Ledru-Rollin, dont nous parlerons plus loin.

Ce n'est pas une mince figure dans l'histoire du début de ce siècle, que celle d'Eugène de Beauharnais. Parti de peu, malgré sa naissance, comme la plupart des hommes de sa génération, Eugène fut du petit nombre de ceux qui au faîte des grandeurs surent conserver la douceur des vertus sociales, la simplicité de la vie privée, et cette générosité, qui n'est pas toujours l'attribut d'un rang élevé. L'éclat de la puissance qu'il obtint avec la vice-royauté du royaume d'Italie et son alliance avec la fille d'un des rois de l'Europe ne l'éblouirent pas plus que les revers n'abattirent son âme généreuse. En descendant des premières marches du trône où le choix de son souverain et de son père adoptif l'avait placé et désigné comme son héritier présomptif, il emporta avec lui l'amour, l'estime et les regrets de la nation qu'il avait administrée pendant neuf ans et pour ainsi dire organisée. Les Italiens, heureux de la liberté, ne demandaient plus en 1815 qu'un chef populaire et illustre, et celui qui leur paraissait le plus digne était Beauharnais. Leurs réclamations au Congrès de Vienne restèrent vaines parce qu'Eugène, fidèle à ses affections, n'avait pas voulu séparer sa cause de celle de la France.

Pour mieux faire saisir les événements, il convient d'en rappeler sommairement la suite : liés par la reconnaissance envers le premier Consul, leur libérateur, les Italiens le nommèrent d'acclamation président de la République Cisalpine devenue République italienne en 1802, à la suite des États tenus à Lyon. Mais bientôt les grands changements survenus dans les constitutions de la France créèrent des nécessités politiques nouvelles. Bonaparte quitta la toge des consuls pour revêtir la pourpre impériale. L'Empire étant désormais substitué à la République, Napoléon, conçut pour ses conquêtes un système de royaumes feudataires destinés à se rattacher à la mère patrie. Il fit de l'Italie du Nord un vaste royaume auquel, s'inspirant des prin-

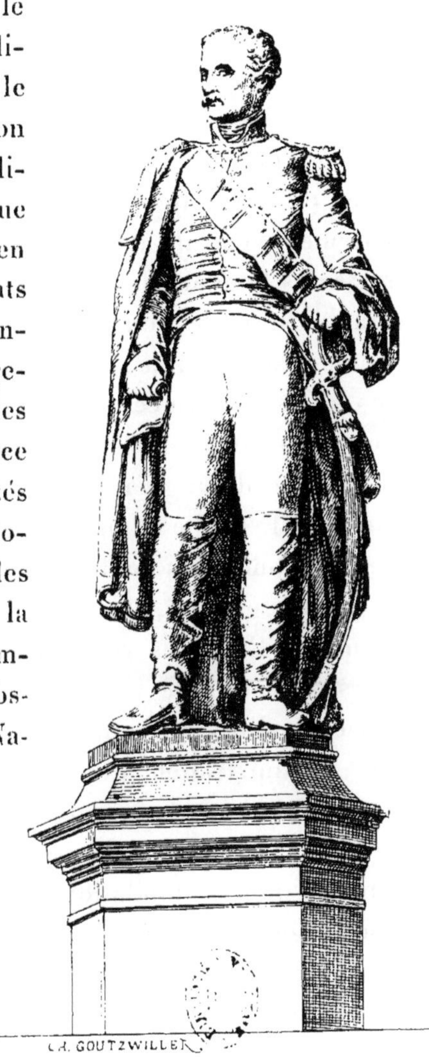

PRINCE EUGÈNE DE BEAUHARNAIS. 1780-1824

cipes de 1789, il donna des statuts, des lois, un code, et à la tête duquel il mit un Français qu'il avait élevé au rang de prince. Eugène, désigné pour cette dignité, accepta le titre de vice-roi, l'empereur désirant garder sous sa dépendance personnelle ce premier et très important État. — Le vice-roi fut parfaitement accueilli dans le pays : il s'entoura tout de suite des hommes les plus distingués dans toutes les branches, et le nombre en était grand à l'époque. Après avoir pourvu à l'administration civile, il donna ses soins à l'armée, qu'il fit une des plus belles et des mieux disciplinées de l'Europe. Les légions italiennes se distinguèrent dans mille combats, notamment en Espagne et en Russie. Eugène les commanda en personne dans ce dernier pays et en Autriche.

Comme général, il était habile et vaillant; comme homme d'État, ses vues étaient éclairées. En Italie, alors une seconde France, il déploya les plus heureuses qualités. Quoique la République Cisalpine eût une administration, des lois organiques, une armée, tout était néanmoins à créer, lorsqu'il arriva dans le royaume. Il fallait donner de la stabilité à des établissements dont la fondation se ressentait de l'état provisoire sous lequel ils étaient nés; il fallait poser les bases d'un état militaire permanent qui trouvât en lui-même les éléments de sa reproduction; il fallait, en un mot, former un corps de nation des provinces séparées pendant plusieurs siècles; réunir, dans une seule opinion et un seul intérêt, des intérêts longtemps contraires et des opinions divergentes. Ce fut son rôle de 1805 à 1814, et sa mémoire y est encore vénérée par le souvenir de ses créations.

Ses créations pacifiques sont non moins dignes de mémoire, que ses hauts faits militaires. L'administration réclamait des réformes et des innovations. Eugène se fit toujours tenir au courant, même en campagne, de ses besoins et des progrès à accomplir. A l'imitation de son protecteur, il envoyait à Milan des actes et des décrets datés de son quartier général. Se souvenant que l'Italie était la terre classique des arts, il tâchait d'exciter le feu sacré, et de flatter, sous ce rapport, l'orgueil national. Il entretint à Rome douze pensionnaires du royaume pour y étudier les beaux-arts, fonda trois académies à Milan, à Bologne et à Venise, institua une commission, tirée de ces académies, pour s'occuper de l'embellissement des villes où elles siégeaient. Il décréta en outre de sages dispositions pour la conservation des arènes de Vérone et pour la reconstruction de l'arc de Gavius élevé par Vitruve dans cette même cité. Il encouragea les entreprises du typographe Bodoni, rival des Didot, des Crapelet et des Renouard. Deux millions de biens nationaux étaient mis à la disposition de la fabrique du Dôme à Milan pour qu'elle pût faire terminer avec célérité cette belle cathédrale. Il confiait au pinceau habile d'Appiani, avec une pension de 6,000 livres, l'exécution à fresque des plafonds des palais royaux; et à celui de Bossi, et au talent de mosaïste de Rafaëlli, une double copie de la *Cène* de Léonard de Vinci conservée précieusement à Milan. Il ordonnait au paysagiste Fidanza l'exécution de tous les ports du royaume, pour faire suite aux « Ports de France » par Vernet. Enfin, on ouvrait à l'académie de Brera une galerie de tableaux devenue depuis une des plus belles de l'Italie.

Dans l'administration intérieure, continuant avec un esprit d'ordre et de sagacité les améliorations inaugurées par la République Cisalpine, il affermissait la justice en lui donnant le système français, organisait une police ferme et modérée tout ensemble, poursuivait la mendicité par l'obligation au travail ou au service, des vagabonds; créait un institut scientifique, protégeait le culte tout en tenant la main aux suppressions nécessaires de couvents et à la trop importante influence du clergé; enfin, grâce au ministre Prina, homme inflexible et très entendu, équilibrait un budget que les exigences répétées de Napoléon et les dépenses extraordinaires de la guerre rendaient particulièrement difficile.

La gloire militaire, qui régnait alors et qui plaît tant à la nation française, est cause, avec les titres ci-dessus esquissés, du renom acquis par Eugène au milieu de cette pléiade éblouissante de héros ses contemporains. Sur Beauharnais ne rejaillissent pas seulement les rayons de la gloire napoléonienne, à l'éclosion de laquelle il prend part dès la campagne d'Égypte, mais, l'histoire en mains, on peut découvrir qu'il fut un commandant en chef plein de valeur et de connaissances. La campagne d'Italie en 1809 est son titre le plus personnel de science militaire.

Chargé par l'empereur de faire face avec ses seules ressources à l'armée autrichienne de l'archiduc Jean, pendant que lui-même menait d'autre part la campagne sur le Danube, Eugène, paralysé par des ordres absolus de défensive, débuta par un revers à Sacile, dont les causes furent indépendantes de son courage et de ses talents. Mais il le racheta bientôt par de brillants succès. Le passage de la Piave et des Alpes Juliennes, la victoire de Raab gagnée le jour anniversaire de la bataille de Marengo, la jonction des troupes d'Italie avec la grande armée sous les murs de Vienne, sont des opérations stratégiques et des faits d'armes d'un mérite éclatant. La victoire de Raab ôtait du même coup 40,000 hommes à l'archiduc Charles dans un moment décisif, et en donnait presque autant aux Français.

Ses services dans la campagne de Russie sont plus connus. Il enlève avec Caulaincourt, qui y laisse sa vie, la grande redoute de Borodino, mouvement le plus périlleux et le plus décisif de la bataille de la Moskowa. L'armée italienne, qu'il conduisait en personne avec Pino, s'y couvrit de gloire. Après l'abandon de Moscou, c'est elle qui, avec le plus grand ordre, soutint le choc de la terrible bataille de Malojaroslavetz, où elle eut à la fois sur les bras le corps de Doktorow et toute l'armée russe commandée par Kutusow. A la tête de la garde royale, Eugène combattit avec le plus grand courage, jusqu'à la fin du jour où le gros de l'armée, marchant au canon, arriva pour le secourir. La cavalerie notamment y fut décimée. Napoléon le proclama sauveur de l'armée et vainqueur de Wiasma. Son courage à la fin de la retraite, alors qu'il rassemble à Vilna les débris des différents corps, et qu'il reste à son poste sans défaillance, témoigne d'une grandeur d'âme qu'on ne saurait trop rappeler. Dans ces terribles jours où l'armée était réduite de trois quarts, on le vit souvent à l'arrière-garde, avec le fusil d'un simple soldat, faire le coup de feu sur les Cosaques.

L'année suivante, en 1813, le prince change de rôle. Nouveau Fabius, il sut, avec les débris échappés aux ravages du climat glacé du Nord, arrêter un ennemi formidable, disputer pied à pied les dernières provinces de la Pologne et de la Prusse, débris de nos conquêtes et se contenir derrière l'Elbe, jusqu'à ce que Napoléon pût arriver à Lutzen. Là, il fixe encore la victoire par une marche savante au milieu de l'ennemi.

Sa dernière épreuve ne fut pas au-dessous de sa fermeté. Il pouvait acheter sa couronne en 1814; il préféra la refuser et rentrer sans regret comme sans reproche dans la vie privée. Il vécut désormais dans sa retraite de Munich auprès d'une épouse accomplie et de ses enfants, s'entourant de quelques anciens compagnons d'armes et protégeant les arts. C'est là qu'il mourut en 1824, laissant un nom glorieux dont l'histoire s'est emparé.

Son caractère privé, resté toujours égal, malgré les grandeurs, n'a pas peu contribué à le faire aimer et distinguer entre tous. Toujours aussi modeste que sage, digne de servir de modèle aux vaillants, le prince Eugène — et là résidait sans doute son secret — s'était donné pour guides constants de sa conduite deux des plus belles parmi les vertus : l'honneur, plus cher que la vie aux braves, et la fidélité, ce rare apanage des âmes nobles.

BÉRANGER

SQUARE DU TEMPLE

Je n'ai jamais mieux compris la puissance du rôle de Béranger qu'en cheminant de compagnie un jour, aux environs de Paris, avec un homme du peuple, presque octogénaire. Son type distingué sous sa chevelure blanche avait excité ma curiosité. Sur ma demande, le vieillard voulut bien recueillir quelques souvenirs saillants de son enfance, et évoquer les événements dont il avait été témoin. Après m'avoir appris, entre autres traits, qu'il était combattant de Juillet, un soldat des *Trois Glorieuses*, il termina son récit par une chanson de Béranger où respire si fortement l'amour de la liberté. Les larmes inondèrent ses joues, et rien n'était plus éloquent, au milieu du calme des champs, que cette scène intime, où le cœur débordait à l'*ancien*, se rappelant ses ardeurs politiques d'antan. Tout un passé de luttes généreuses et patriotiques se déroulait à mes yeux, et les vers du chansonnier m'expliquaient mieux qu'aucun livre la haine du peuple pour l'oppression. Cette rencontre revient à ma mémoire chaque fois que le nom du poète national est prononcé; l'émotion de ce *bonhomme jadis* m'a gagné, comme elle avait gagné toute sa génération.

Béranger est dans ce siècle, sous une apparence des plus modestes, un des hommes qui ont le plus aidé à l'avènement de la liberté. Pour atteindre ce but, il a employé une langue si simple, si dénuée d'artifice, une bonhomie cordiale si sincère, qu'il a pénétré rapidement dans le peuple et y est resté très aimé.

L'explication de son caractère est d'ailleurs toute dans son extérieur modeste. Considérez ce beau vieillard, au vaste front, la tête ornée sur ses côtés de longues touffes de cheveux blancs soyeux, l'œil bienveillant et fin, l'air méditatif; jetez un coup d'œil sur sa mise presque mesquine, si peu recherchée. Tout Béranger est là : doux, — bon, — penseur, — philosophe, — ami du peuple. Ainsi l'a vu le sculpteur Doublemard, auteur de la statue du square du Temple, qui ne s'est pas, en maître qu'il est, pénétré seulement du caractère physique de son modèle, mais aussi de son caractère moral, bien en rapport avec le premier.

Fut-il jamais quelqu'un plus désintéressé, plus dédaigneux des honneurs que Béranger? Après les luttes ardentes contre la Restauration, qu'il soutint, en ce qui le concerne, dans des chansons politiques célèbres, comme par exemple : *le Vieux drapeau, les Adieux à la gloire, la Sainte-Alliance des peuples*, chansons pleines de traits mordants qu'il paya de l'amende et de la prison, — Lamartine n'a-t-il pas dit : « Béranger est un ménétrier dont chaque coup d'archet avait pour cordes les cœurs de trente-six millions d'hommes exaltés ou attendris. » 1830, qu'il avait préparé d'une façon si insinuante, si caressante, survint, et les idées du poète triomphèrent. Ses amis étaient au pouvoir, il pouvait y aspirer, ou tout au moins en recueillir une part bien gagnée. Il ne s'en soucie point et répond à ses amis devenus ministres, qui désirent l'associer à leur fortune :

> Votre tombeau sera pompeux, sans doute ;
> J'aurai, sous l'herbe, une fosse à l'écart.
> Un peuple en deuil vous fait cortège en route ;
> Du pauvre, moi, j'attends le corbillard.
> En vain on court où votre étoile tombe,
> Qu'importe alors votre gîte ou le mien...
> La différence est toujours une tombe.
> En me créant, Dieu m'a dit : « Ne sois rien. »

Cet homme si bon, si désintéressé, est un poète facile, car sa muse réside dans son cœur. Fidèle à sa devise, il célèbre dans ses chants le paysan, le soldat, l'ouvrier, les bohémiens et les gueux. Ses chansons révèlent toute la vie du pauvre, depuis le berceau jusqu'à l'hôpital. Dans plusieurs, il s'élève jusqu'à l'ode. Sa muse hait le despotisme et touche le cœur des braves en leur rappelant les gloires passées. C'est le poète des chaumières, le traducteur fidèle des sentiments de tout un peuple dans ses religieux respects

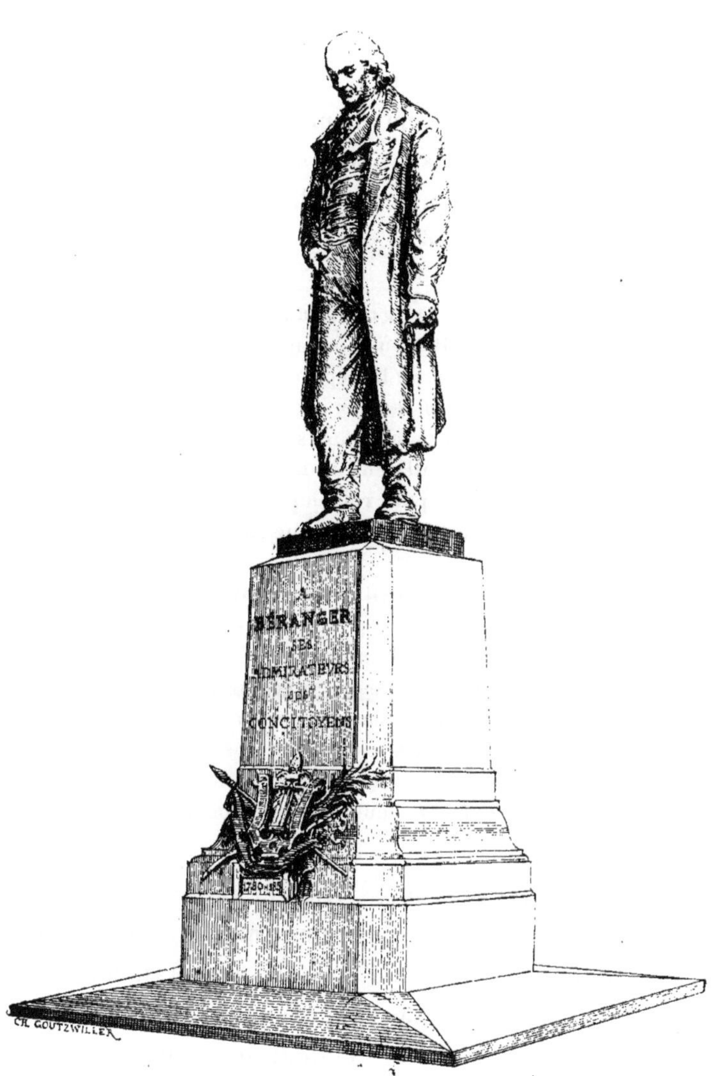

BÉRANGER. 1780-1857

et ses voix intérieures révoltées. Se substituant à celui qu'il voulait faire parler, il lui empruntait ses formes sans apprêt et par cela même éloquentes : Écoutez par exemple s'adressant à ses fils ce *vieux sergent*, patriote plus que jamais en 1823, mettant en parallèle le présent et le passé :

Qui nous rendra, dit cet homme héroïque
Aux bords du Rhin, à Jemmape, à Fleurus,
Ces paysans, fils de la république,
Sur la frontière à sa voix accourus?
Pieds nus, sans pain, sourds aux lâches alarmes,
Tous à la gloire allaient du même pas.
Le Rhin lui seul peut retremper nos armes[1].
Dieu, mes enfants, vous donne un beau trépas!

De quel éclat brillaient dans la bataille
Ces habits bleus par la victoire usés!
La liberté mêlait à la mitraille
Des fers rompus et des sceptres brisés.
Les nations, reines par nos conquêtes,
Ceignaient de fleurs le front de nos soldats.
Heureux celui qui mourut dans ces fêtes!
Dieu, mes enfants, vous donne un beau trépas!

Pendant quarante ans, Béranger est pour le peuple de France le poète véritablement national, à la portée de l'humble intelligence du travailleur, aussi charmant à lire que La Fontaine, aussi moral et disert qu'Horace. Ces deux poètes d'ailleurs étaient ses aïeux directs, il

1. Allusion piquante à l'inutile expédition française d'Espagne en 1823.

les aimait et les approfondissait sans cesse. N'est-ce pas un Horace à la main que Doublemard encore enfant le vit maintes fois au square du Temple, vers 1854? et c'est avec cet ami de son chevet qu'il nous le représente, la main en poche, l'air pensif et rêveur. Que de fois n'est-il pas venu ainsi dans le square du Temple, méditer au milieu du respect de ses concitoyens? On le saluait tellement sur la fin de sa vie à ce même endroit où s'élève sa statue, que lorsque la saison le lui permettait il sortait nu-tête pour n'avoir pas à répondre à tous ses admirateurs.

C'était l'homme droit, frugal, heureux, le *vir bonus et propositi tenax* du poète. A tous les honneurs des puissants il préférait l'obscurité des humbles, que goûtent seuls ici-bas les philosophes. Lorsqu'on lui proposa la croix de la Légion d'honneur, il détacha d'un bouquet qui se trouvait à sa portée une fleur qu'il mit à sa boutonnière en disant : « Voilà la seule que j'aime. » N'avait-il pas encore écrit :

> Non, je ne veux rien être;
> En me créant, Dieu m'a dit : « Ne sois rien. »

Un jour, fait qui ne s'était jamais vu, l'Académie française lui envoya une députation pour lui offrir un fauteuil, en l'assurant de son élection à l'unanimité. A cette proposition si flatteuse, le chantre de *Lisette* répondit en bouclant sa malle et en partant pour la campagne!.....

Heureux qui recèle en un coin
Sa foi, ses amours et sa lyre!

Tels étaient les vers qu'il murmurait et dont il faisait sa règle de conduite. Il se rend ainsi sous les ombrages de Fontainebleau, à Tours, puis à Passy, et fait dans ces divers et charmants endroits des séjours prolongés. Revenu à Paris, où il mourut, Béranger habite le quartier du Temple et y mène une vie retirée conforme à ses principes.

C'est pourquoi ce quartier a été choisi pour recevoir l'image du chansonnier national. Peut-être un monument plus grave eût-il mieux occupé la place du vieil enclos du Temple, transformé en jardin public; mais, comme dit Figaro, tout finit par des chansons; tel est sans doute le motif pour lequel le bronze de Béranger se dresse à l'endroit même où se sont jouées les plus sanglantes tragédies de notre histoire.

C'est à l'ancienne société chansonnière du *Caveau*, qui compte à Paris parmi ses membres tant d'illustrations dans les lettres et les arts, qu'est due l'initiative du monument public à Béranger. Béranger en fut, avec Désaugiers, une des plus glorieuses personnalités.

Bien qu'accepté par tous d'acclamation, le projet eut un enfantement matériel laborieux; quand sonna l'heure des sacrifices pécuniaires les concours furent forcément restreints à cause des moyens limités de la société. Un comité, sous la présidence d'honneur de Victor Hugo, organisa des quêtes à domicile, des représentations, des souscriptions. Parmi les principales personnalités dont le concours fut des plus efficaces, il convient de citer en première ligne M. Jules Claretie, qui fit, au théâtre du Château-d'Eau, une conférence charmante et éloquente sur Béranger; M. Coquelin aîné, l'infatigable organisateur de la belle représentation du Trocadéro consacrée uniquement au poète; M. Alexandre Dumas fils, le souscripteur le plus généreux de l'œuvre, et l'honorable entrepreneur Montjoye, qui entrait pour une bonne part dans les travaux avec un désintéressement digne d'éloge.

M. Doublemard ne voulut rien accepter non plus pour son travail, toujours synonyme de talent, et le jeune architecte M. Maurice Yvon, fils du peintre de batailles, mettait dans la composition du piédestal toutes les ressources d'un coup d'œil artistique, formé aux bons principes. L'État seul n'entrait pas dans le concert des cœurs patriotes, et refusait le bronze à la statue, alors qu'il venait de l'accorder au Voltaire du quai Malaquais, le second Voltaire édifié à Paris!...

Bien national était ce monument, car non seulement chacun des collaborateurs y avait mis du sien, mais l'initiative en était absolument privée, comme sa réalisation : la ville de Paris, après avoir approuvé le choix de l'emplacement, consent tout juste à creuser à ses frais les fondations, seule et unique ingérence officielle, offrant une modeste économie qu'on accepte avec joie : le comité joint à grand' peine les deux bouts; quant aux artistes, anxieux et toujours ranimés par leurs sentiments élevés, ils se demandent chaque jour, devant toutes les difficultés qu'amène la terminaison de l'ouvrage, si celui-ci ne sera pas arrêté. Enfin, à force de persévérance, les obstacles se trouvent vaincus, et la statue se monte. On l'inaugure le 15 juillet 1885, lendemain de l'anniversaire de la prise de la Bastille, à la chute de laquelle Béranger avait assisté tout enfant, dans ce quartier du Marais où il était né.

La journée du 15 juillet 1885 était splendide. Le soleil de messidor baignait de lumière le bronze étincelant, les oiseaux chantaient leur hymne toujours jeune au milieu de la verdure du square parisien. On se trouva nombreux le jour de l'inauguration et l'on prononça force discours. Parmi ceux-ci nous aimerons à retenir la citation que fit le préfet de la Seine de ces vers si touchants, écrits par le grand cœur du poète avant de mourir, et qu'on aurait dû graver sur sa statue comme une épitaphe immortelle :

France, je meurs, je meurs; tout me l'annonce.
Mère adorée, adieu! Que ton saint nom
Soit le dernier que ma bouche prononce.
Aucun Français t'aima-t-il plus? Oh! non.
Je t'ai chantée avant de savoir lire;
Et quand la mort me tient sous son épieu,
En te chantant mon dernier souffle expire.
A ton amour donne une larme. Adieu!

LAMARTINE

AVENUE DU TROCADÉRO

Si Mâcon, ville natale du poète, a consacré antérieurement la mémoire de Lamartine par une statue, Paris, théâtre des actes de l'homme politique et de l'écrivain, devait bien quelque jour, si tardif qu'il fût, payer son tribut à l'homme dont le nom honore le siècle.

C'est Passy, ce coin aimé des poètes et des musiciens, ce Tibur ombragé qu'il avait habité sur la fin de sa vie, qu'on a choisi pour recevoir sa statue. Au bout de l'avenue Victor-Hugo existe une petite place verdoyante entourée de *cottages* et au centre de laquelle l'eau de l'ancien puits artésien jaillit en fontaine, à travers des fleurs et des arbustes; c'est là, dans ce coin ensoleillé si paisible, à quelques pas de l'ancienne villa sa dernière demeure, — où Paris lui donnait l'hospitalité, — que s'élève l'effigie du poète orateur.

M. Henri Marmottan, président du comité du monument, expliquait on ne peut mieux et le but de l'œuvre et le choix de Passy pour l'emplacement. — « Dans la mesure de nos forces et de nos moyens, disait-il, nous avons conscience d'avoir accompli un acte de réparation et de justice envers Lamartine — et en choisissant cet emplacement, nous avons voulu consacrer le souvenir de ses dernières années écoulées à Passy, à quelques pas d'ici, dans ce chalet qui porte encore son nom et qui, dans son abandon, semble refléter les tristesses et les douleurs de la fin de sa vie. Là où il a souffert, nous avons voulu l'honorer. »

Le monument dont il était question depuis 1870 a été terminé seulement en 1886. Mais on a pu s'apercevoir lors de son inauguration, au concours de notabilités venues pour y assister, que Lamartine était vivant dans les cœurs et qu'on était heureux, en s'associant à cette cérémonie, de lui payer un juste tribut d'hommages. — Sans doute on avait mis quinze ans à recueillir les fonds du monument et à dégourdir peu à peu et au prix de bien des efforts l'enthousiasme refroidi. Au bout de quinze ans on avait en caisse vingt-cinq mille francs. Conçu par Émile de Girardin, le projet, confié pour l'exécution au talent distingué du sculpteur Vasselot, trouva après la mort de Girardin dans la personne du nouveau président, M. le docteur Marmottan, maire du seizième arrondissement de Paris, un appui toujours en éveil. L'initiative privée ne fut aidée que d'une façon bien minime par l'État dont l'allocation unique fut de quinze cents francs, et l'on peut dire de cette initiative privée qu'elle représente avec d'autant plus d'éloquence — ici comme pour beaucoup d'autres statues inaugurées à Paris depuis plusieurs années — les vrais sentiments du Paris délicat et lettré.

De quelque côté qu'on envisage l'homme, objet de cet honneur, on est forcé de saluer en lui un véritable génie. N'eût-il à son actif que son rôle politique en 1848, et le choix répété de ses concitoyens, sa mémoire serait encore durable, tant Lamartine en a imposé par le triple prestige de la pensée, du style et de la parole. — D'une phrase et d'un geste il calmait les foules qu'il électrisait de sa voix ardente, dans ces improvisations sublimes devenues histori-

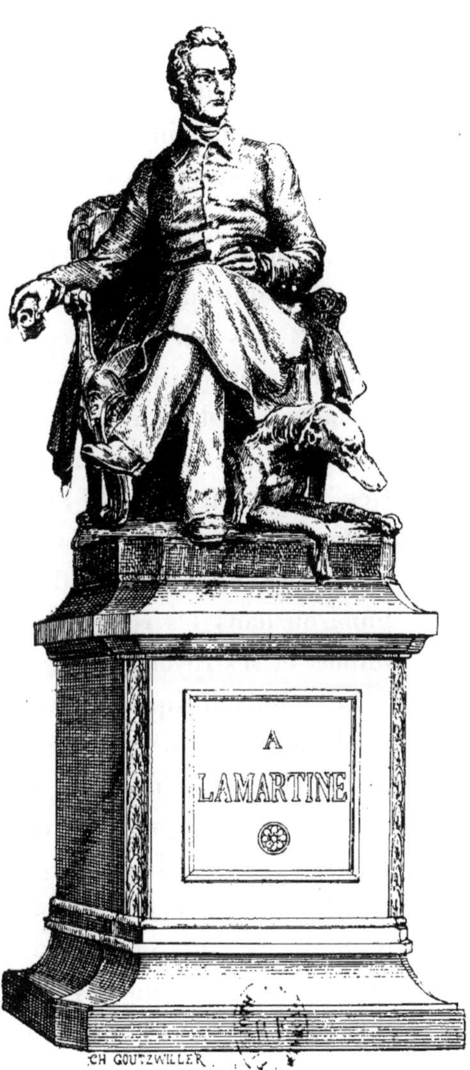

LAMARTINE. 1790-1869

ques. C'est alors que « debout, intrépide, illuminé par l'héroïsme des grandes luttes, tout resplendissant de sa virile beauté, remplissant des éclats d'une éloquence surhumaine la place de cet Hôtel de Ville de Paris où s'agitaient alors les destinées du monde, apportant au peuple le suffrage universel, la République légale, gardant à l'armée l'immortel drapeau de la Révolution française, protégeant contre les égarements des partis la représentation vivante de la souveraineté nationale », il est dans toute l'acception du mot un politique d'action, en même temps qu'un chercheur de conciliation entre les partis et les coteries, et un défenseur de l'idée sociale. C'est un dilettante de l'esprit et de la pensée; il plane dans les régions sereines de l'idéal, et apporte, même à la tribune ou dans les réunions populaires, ses idées sublimes et ses rêveries.

Le côté politique de sa vie n'est pas celui qui rend sa mémoire la plus chère. Il brille d'un tout autre éclat, ce génie, par son influence littéraire et son disque poétique. Quel magnifique ciseleur de vers! Comme chez lui la phrase, « gerbe superbe », s'élève et retombe en jets harmonieux! Comme la pensée est toujours élevée et chargée d'idéal! C'est là que réside l'homme extraordinaire; c'est là où se rencontrent tous les partis pour l'exalter et l'admirer. Notre génération voit moins en lui le combattant des idées libérales en faveur de l'humanité, que le sculpteur suave et magique d'une pensée toujours radieuse, comme un ciel plein d'étoiles, et nos neveux après nous auront moins souvenance du guide et de l'initiateur de la Révolution de février 1848, de l'élu de dix départements, que du maître par excellence de la forme et de la grâce littéraire. Aussi était-ce bien ce caractère que la cérémonie de l'inauguration de sa statue avait revêtu. Tous les partis y étaient représentés. Le Sénat ayant à sa tête son président, la Chambre des députés avec son bureau et cinquante de ses membres, sans distinction d'opinions, l'Académie française, la Société des gens de lettres, les Sociétés littéraires de Paris, le Conseil municipal, des écrivains, des artistes, tous les penseurs et les travailleurs de l'esprit, avaient tenu à être là. On pouvait dire que, dans cette journée du 8 juillet 1886, l'élite de la nation saluait la statue de Lamartine.

Le poète des *Méditations* et de *Jocelyn* recevait en ce jour solennel plus d'hommages que dans toutes les vingt-cinq dernières années précédentes. On eût dit que ce concours d'assistants avait à cœur de réparer l'injustice d'un long oubli. — La faute en est peut-être à la mode nouvelle du naturalisme dans la littérature, miroir du sensualisme dans les idées. Le spiritualisme en a subi l'atteinte. On s'est retrouvé pourtant au pied de la statue du poète qui a écrit ce vers sublime, résumé de toute sa philosophie :

L'homme est un dieu tombé qui se souvient des cieux.

Lamartine est un panthéiste d'ordre particulier. Au lieu de voir Dieu comme l'enseignait l'antiquité panthéiste dans l'universalité des êtres, son esprit le hante partout, mais dans une spiritualité unique qui a le don de se manifester n'importe où, tout en restant quelque chose d'isolé. Le fond des impressions ressenties par son âme devant la nature, comme le fondement de ses vers, est une conviction que les philosophies, les religions, les poésies, n'étaient que des manifestations plus ou moins complètes de nos rapports avec l'Être infini. Malgré cette intuition dominante qu'il a de Dieu, sa religion demeure vague : sorte « d'idolâtrie panthéiste pour la création », mélangée de scepticisme mélancolique.

La mélancolie, fut après l'idée déiste, qui le poursuit partout, la seconde note caractéristique de sa muse. Les *Méditations poétiques*, dont le succès à l'époque fut égal au succès du *Génie du christianisme*, en offrent l'exemple. L'élégie dans des pièces célèbres, comme l'*Isolement*, le *Lac*, le *Chrétien mourant*, y tient une place considérable. Cette mélancolie séduisait alors toutes les imaginations. Victor Hugo ouvrant le volume en 1820, s'écriait : « Voilà donc enfin des poésies d'un poète, des poésies qui sont de la poésie ! » Il trouvait dans ses vers quelque chose d'André Chénier : même originalité, même fraîcheur, même luxe d'images neuves et vraies, avec plus de gravité, plus d'idéal dans ses peintures, et avec un goût pour la Bible, pour la muse rêveuse d'Ossian, et pour les déesses fantastique de Klopstock et de Schiller. Tout cela faisait à Lamartine une place à part parmi les poètes français.

Ces cordes nouvelles avaient d'abord étonné des esprits prévenus; mais les admirateurs se firent de jour en jour plus nombreux et laissèrent planer leurs âmes avec la sienne, qui semblait toujours dévorée du désir de l'idéal et de l'infini.

. . . .

Quand le tour du soleil ou commence ou s'achève,
D'un œil indifférent je le suis dans son cours;
En un ciel sombre ou pur qu'il se couche ou se lève,
Qu'importe le soleil? Je n'attends rien des jours.

Mais peut-être au delà des bornes de sa sphère,
Lieux où le vrai soleil éclaire d'autres cieux,
Si je pouvais laisser ma dépouille à la terre,
Ce que j'ai tant rêvé paraîtrait à mes yeux.

Là je m'enivrerais à la source où j'aspire;
Là je retrouverais et l'espoir et l'amour,
Et ce bien idéal que toute âme désire,
Et qui n'a pas de nom au céleste séjour!

Que ne puis-je, porté sur le char de l'Aurore,
Vague objet de mes vœux, m'élancer jusqu'à toi.
Sur la terre d'exil pourquoi resté-je encore?
Il n'est rien de commun entre la terre et moi.

Quand la feuille des bois tombe dans la prairie,
Le vent du soir s'élève et l'arrache aux vallons;

Et moi, je suis semblable à la feuille flétrie,
Emportez-moi comme elle, orageux aquilons[1] !

Vasselot a représenté le poète avec une surprenante vérité. S'inspirant visiblement de la pose et de la mise adoptées par Gérard dans son célèbre portrait, on peut dire qu'il l'a saisi dans son abandon intime. Laissant de côté le tribun, il a préféré reproduire l'homme familier dans son auréole de poésie. Lamartine est assis, les jambes croisées, la tête légèrement inclinée. Il est vêtu de la redingote à haut collet fermé de 1830, la redingote Guizot. Le visage, d'une beauté aristocratique, est empreint d'une gravité douce. C'est Lamartine à quarante ans, poète, grand seigneur, ami du paysan ; sous son fauteuil un lévrier est couché, la tête allongée sur ses pattes. Qu'on ne s'étonne pas de voir son chien à ses pieds, c'est la bête symbolique. « Le chien aime les hommes, comme Lamartine les a aimés, avec le plus admirable désintéressement. » — « Lamartine aussi, dit Arsène Houssaye, fut le pauvre chien de l'humanité, caressé et battu, qui mord sa chaîne et qui meurt à sa chaîne ! »

Obligé de donner à son œuvre des proportions relativement restreintes pour se conformer aux dimensions d'un square étroit et tout en longueur, Vasselot a sans doute perdu de ce chef le bénéfice d'un effet plus frappant. La pose du personnage, l'expression de sa

1. L'Isolement, *Méditations*.

physionomie, la distinction ont été parfaitement rendues par le sculpteur : un goût pur a présidé à tous les détails, et rien n'a été laissé au hasard. Or donc, si l'on peut reprocher à l'ensemble du monument une nuance de gracilité, cela tient à la question de proportionnalité entre l'emplacement et le monument : elle n'est pas du fait de l'artiste qui a dû, suivant les lois de l'esthétique, en tenir compte. La place n'ayant pas été faite pour recevoir une statue, Vasselot a dû faire une statue pour la place : de là son module peut-être un peu mince ; c'est grand dommage, car sa beauté nous fait regretter pour elle une ampleur un peu plus accusée qui n'eût contribué qu'à la rendre plus belle encore.

Passy conservera l'image du poète mélancolique aimé des jeunes âmes. C'est là surtout qu'il a connu la mélancolie et les humiliations. Plus d'un de notre génération le voit encore, passer sous les platanes, amaigri, ravalé par le sort à la tâche d'un manœuvre littéraire, portant aux journaux de la copie pour entretenir un reste de vie, se débattant, après les largesses et les générosités sans frein, contre le démon de l'argent. Point commun du grand génie, avec Balzac, avec Dumas, deux prodigues illustres luttant pour la vie sur le déclin de leur carrière ! Les génies de la littérature ont souvent offert l'exemple de contrastes pareils. — Ce souvenir rendait plus palpitant encore le sentiment ému des cœurs.

Dans cette cérémonie brillante de l'inauguration, parmi les panégyriques les plus éloquents de Lamartine, il convient de citer la harangue enflammée du maire de Mâcon, et les belles strophes du poète député Clovis Hugues, qui, dans une ode digne de Victor Hugo, à coup sûr inspirée du lyrisme plein de richesse du chef d'école, s'écriait avec un accent de voix dont le geste et l'intonation doublaient l'effet :

Et voici que ton front se lève,
Calme, pensif et glorieux,
Dans la sérénité du rêve,
Devant la majesté des cieux,
Devant les choses éternelles,
Devant le battement des ailes
Éparses dans les rameaux verts,
Devant la nature infinie
Qui fut l'âme de ton génie,
La musique de tes grands vers!

. . . .

Nous, les autres fils de la Lyre,
Nous te lirons avec amour,
Tant qu'on verra des flammes luire
Au sommet de la grande tour,
Tant que la brise de Sorrente
Bercera la gondole errante
Sur les vastes flots querelleurs;
Tant que tu charmeras les âmes;
Tant que la terre aura des femmes,
Tant que les champs auront des fleurs.

BERRYER

PALAIS DE JUSTICE

Le monument remarquable élevé à la mémoire de Berryer au Palais de Justice ne date que de 1878. On sait que la commune de Paris avait incendié, en 1871, une partie de ce palais et que l'immense salle des Pas-Perdus avait notamment été réduite en cendres. L'année où s'achevait la reconstruction de cette salle, on élaborait le projet de la décorer simplement d'un buste du grand avocat, mais il fut bientôt décidé qu'on érigerait à Berryer un monument digne du souvenir qu'il avait laissé. M. Chapu fut désigné pour l'exécution.

M. Chapu est un de nos meilleurs sculpteurs contemporains. Son monument de Berryer n'est pas de ceux qui lui feraient contester le rang qu'il a conquis. L'ordonnance en est à la fois imposante et simple : Berryer est debout, dans l'attitude qui lui était familière à la tribune, la main posée sur la poitrine, la tête haute, un peu rejetée en arrière, le regard levé vers le ciel. L'habit boutonné serré à la taille, qui fait voir la stature de l'homme, est aux trois quarts couvert par la toge de l'avocat. L'artiste a voulu par là nous indiquer les deux formes de l'éloquence de son personnage, la forme politique et judiciaire. Aux deux côtés de la statue sont assises deux figures allégoriques formant pendants, l'Eloquence et la Fidélité, destinées, tout en complétant le caractère du héros, à donner du corps à l'ensemble du monument. Chapu, pour ce groupement, s'est inspiré de l'heureuse disposition qu'avait trouvée Bosio de flanquer la statue de Malesherbes de deux signes symboliques!

L'éloquence! qui la pratiqua avec plus de hauteur et d'abondance que Berryer, dont la voix profonde et l'action oratoire marquaient toujours une âme forte et compatissante aux causes nobles, étrangère aux calculs de l'intérêt ou des partis; la fidélité, vertu des cœurs intègres et des convictions solides, qui mieux que lui la connut? N'eut-il pas au suprême degré foi dans la cause de la royauté qu'il servit toujours en dépit des séductions offertes par d'autres à son talent? Les deux mots gravés sur le socle de son monument résument, avec une concision rare, toute sa vie publique.

FORUM ET JUS

Berryer finissait son stage d'avocat quand Louis XVIII fut ramené au trône de ses pères à la suite des malheurs de la France. Ayant été chargé à cette époque par une grande famille d'intérêts considérables à défendre, le jeune avocat puisa dans ces relations toutes les sympathies dont son cœur ne devait plus se dé-

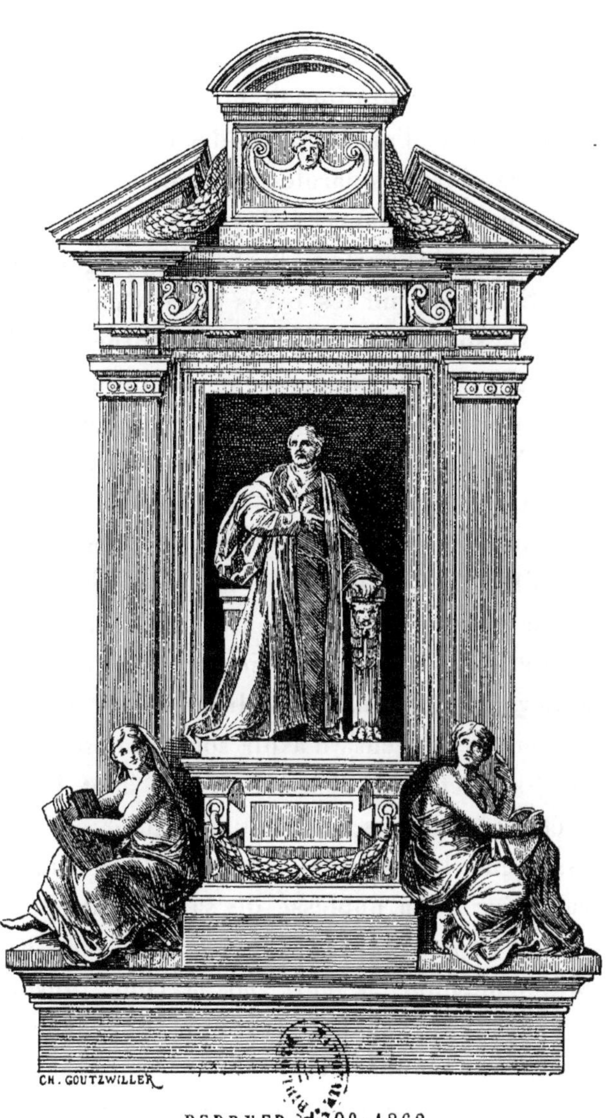

BERRYER. 1790-1868

pouiller. Malgré son royalisme, il condamna les violences de la Restauration et fut saisi d'un chagrin indicible lors de l'organisation des cours prévôtales. Il prononça alors ces paroles remarquables : « Il est indigne d'un roi de ramasser les blessés sur le champ de bataille pour les porter à l'échafaud. » Il garda cette noble attitude devant les excès de la réaction. Après avoir assisté son père et Dupin dans le procès de Ney, il se chargea seul de plaider pour Cambronne, accusé de haute trahison pour n'avoir pas abandonné l'Empereur à Waterloo. Son discours fut sublime d'éloquence et de dialectique. — Cambronne pouvait-il avoir un autre maître que celui qu'il avait accompagné à l'île d'Elbe? — Cambronne fut acquitté. Mais le procureur général Bellart trouva mauvais qu'on se permît de lui arracher une victime. Il cita le jeune avocat devant le conseil de l'ordre réuni en assemblée disciplinaire, et l'accusa d'avoir soutenu des maximes antiroyalistes et séditieuses. Berryer, dont les opinions étaient connues, en fut quitte pour un simple avertissement. Louis XVIII, admirant l'intrépidité de son caractère et la noblesse de sa conduite, lui accorda, peu de jours après, la grâce du général baron Debelle, condamné à mort par la cour prévôtale. Moins heureux que pour Cambronne, Berryer n'avait pu obtenir son acquittement.

Il défendit aussi les généraux Carruel et Donnadieu, publiant avec intrépidité, à l'occasion de ce dernier procès, un mémoire acerbe contre le ministère Decazes, qu'il accusait d'avoir fomenté par des menées de police l'insurrection de Grenoble. Ce ministère était odieux aux libéraux ainsi qu'aux royalistes purs, autrement appelés *ultras*, et qui avaient pour chefs de colonne Chateaubriand, Villèle et Corbière.

On interdit à Berryer, par ordre supérieur, la défense de Louvel, après l'assassinat du duc de Berry, dans la crainte qu'il ne se fît l'écho des récriminations des *ultras*. Sa réputation grandissait chaque jour et lui amenait des affaires civiles nombreuses et lucratives, notamment celle de la succession du marquis de Vérac, pair de France, et celle des fournitures d'Ouvrard à l'armée d'Espagne. Parmi ses causes politiques où il déploya encore beaucoup de courage et de talent, nous citerons celles des journaux *le Drapeau blanc* et *la Quotidienne*, l'*affaire de l'abbé Lamennais* (1826), poursuivi en correctionnelle pour un ouvrage trouvé peu orthodoxe sur la religion. Il fit son apparition à la Chambre peu de temps avant la chute de la branche aînée, et son premier discours, admiré par tous, le fit considérer tout de suite comme une puissance. Après 1830 il resta fidèle aux principes de la légitimité, combattant cruellement le pouvoir, quand sa conscience lui en montrait les fautes.

En 1832, il se rend au fond de la Vendée trouver la duchesse de Berry, pour la persuader de renoncer à l'insurrection qui, selon lui et Chateaubriand, n'avait aucune chance de réussite. — Ses avis ne purent prédominer, l'insurrection éclata et fut réprimée; Berryer fut arrêté à Nantes. On le fait passer en cour d'assises sur le témoignage de quelques témoins imposteurs, bientôt devenus l'objet de l'opprobre publique. Une pièce compromettante, présentée par ces misérables comme étant signée par la duchesse de Berry, est reconnue fausse, l'acte d'accusation lui-même est regardé alors comme l'œuvre d'un zèle coupable. Berryer, acquitté, sort acclamé du tribunal et son prestige accru.

Mais bientôt le grand avocat a l'occasion de défendre Chateaubriand, inculpé dans une accusation du même genre. Il obtient son acquittement.

A la Chambre, il acquiert une grande popularité en foudroyant Guizot de ses répliques véhémentes, et ses triomphes du Palais Bourbon furent parmi les plus grands de sa carrière : toutefois il les remportait aux dépens de sa fortune. Il négligeait pour la politique sa riche clientèle, menant d'ailleurs une vie très large, très opulente, très artistique. Vers la fin de 1835 il se trouva dans une ruine complète. Le parti royaliste se cotisa et racheta sa terre d'Augerville qu'il lui remit en don.

Il plaida peu après l'affaire Dehors dans laquelle il déploya une persistance incroyable, devant trois jurys différents, pour sauver la tête de son client. Y étant parvenu, celui-ci lui porta toute sa fortune.

Berryer, en faisant alors deux parts, remit chacune d'elle aux deux enfants de Dehors pour les doter. Enfin il assistait le prince Louis-Napoléon devant la Cour des pairs, lors du procès intenté à l'occasion de son débarquement à Boulogne.

Berryer fut reçu à l'Académie française en 1855. — Éloquent, comme Mirabeau, désintéressé, chevalier sans peur, tenant haut et ferme sa bannière, il était incapable d'apostasie. Il est mort, vers 1868, dans ses convictions, emportant, avec d'unanimes regrets, l'admiration de ses amis et de ses adversaires. Il avait honoré les assemblées politiques dont il fut une des lumières, et le barreau dont il fut pendant tant d'années une des illustrations : sa carrière est toute marquée, soit au Palais, soit à la Chambre, au coin des services rendus à l'humanité et à la patrie.

Aussi quel concours de notabilités de tous les partis à l'inauguration de son monument ! Quel sentiment sincère de respect pour l'homme aux idées droites et aux vues profondes ! C'était le 20 janvier 1879. L'assistance était nombreuse. Bien que la magistrature ne fût pas convoquée officiellement, presque tous ses membres étaient là.

Le comte de Chambord, héritier et dépositaire des principes royalistes, s'était fait représenter par le marquis de Dreux-Brézé et le comte de Blacas. L'Académie française avait délégué trois immortels : MM. de Viel-Castel, Camille Rousset et Camille Doucet. L'Association des anciens élèves du collège de Juilly, où Berryer fit ses études, avait envoyé une députation, ainsi que la corporation des charpentiers, qu'il défendit dans un célèbre procès de coalition.

Parmi les discours prononcés en ce jour, celui de Me Nicolet, le bâtonnier, émut tous les cœurs à ce passage : « L'art lui-même, en disputant à la mort la grande image, n'a pu nous en rendre que le reflet. Voilà bien l'attitude noble, sans recherche, qui lui était familière ; ces yeux qui cherchaient le ciel, cette main qui pressait le cœur comme pour en contenir les élans, ce beau visage qui semblait fait pour traduire les mouvements d'une belle âme ; mais où est le resplendissement du front, l'éclair du regard, le tremblement des lèvres, la pénétrante émotion de la voix, la flamme qui éclairait la tribune et la barre avant de se répandre sur le monde ? Hélas ! la matière inerte, même vivifiée par un talent supérieur, ne peut dérober les rayons du ciel, et Michel-Ange eût-il taillé de son immortel ciseau la statue de Berryer, qu'une fois de plus il lui eût en vain jeté le cri que, devant l'orgueil de son chef-d'œuvre, poussait l'orgueil de son génie : Parle donc ! »

BERLIOZ

SQUARE VINTIMILLE

L'art musical a produit de plus grands maîtres que Berlioz, mais il n'en compte peut-être pas à l'heure actuelle en France dont le nom soit plus populaire. Ses œuvres sont aujourd'hui vantées et admirées comme elles ne l'ont jamais été, et il n'est pas de concert classique qui n'offre au public l'audition de *la Damnation de Faust* ou tout au moins de *la Marche hongroise*. Berlioz est le maître à la mode; les caresses de sa mélodie maladive comme son génie, orageuse comme sa pensée, ravissent notre époque blasée, amoureuse du nouveau et du vibrant. C'est à Paris qu'il est mort, sans avoir jamais connu l'apaisement intérieur, près de ce square Vintimille où s'élève sa statue.

Né, en 1803, à la Côte-Saint-André, petit village de l'Isère, Berlioz vit de bonne heure ses goûts contrariés par sa famille qui le destinait à la médecine. Un échec au Conservatoire lui fit supprimer la pension qu'il avait obtenue à grand'peine de son père pour venir étudier à Paris. Ce malheur ne le découragea pas; il donna des leçons pour vivre et entra dans un orchestre théâtral.

A vingt-quatre ans, il se fit remarquer pour la composition d'une messe exécutée à Saint-Roch, et trois ans plus tard, en 1830, sa cantate de *Sardanapale* lui valait le premier prix au Conservatoire. Il composa ensuite sa *Symphonie fantastique*, alors que son âme était troublée par un amour subit pour une jeune actrice anglaise, interprète du rôle d'Ophélie dans *Hamlet*. Miss Smithson devint bientôt son épouse, ce qui rendit le calme à l'imagination rêveuse du maître. Berlioz produisit d'autres œuvres dans cette période de sa vie, mais plusieurs n'obtinrent pas de succès pour leurs hardiesses. Quelques amateurs seulement commençaient à embrasser sa manière et à l'admirer; Paganini était du nombre. Des cabales se montèrent quand il voulut donner son opéra de *Benvenuto Cellini*. Elles réussirent si bien que l'ouvrage fut sifflé. Berlioz défendit vigoureusement son système musical, qui paraissait à cette époque en contradiction avec les lois de l'harmonie. La critique presque entière fit rage contre lui, au point qu'il tomba malade, terrassé mais non vaincu.

La période de la lutte ingrate devait bientôt faire place à une série de succès mémorables. L'exécution publique d'*Harold* fut témoin d'une scène émouvante; le vieux Paganini se prosterna devant le jeune compositeur en le proclamant l'égal de Beethoven, et de fait, le talent de Berlioz ne démentit pas ces paroles. Peu de temps après, la symphonie de *Roméo et Juliette*, pour certains effets, obtenait une faveur presque unanime.

Son succès se dessina de plus en plus avec la *Symphonie funèbre et triomphale*, commandée par le gouvernement pour le jour de la translation des cendres des victimes de Juillet, et avec l'ouverture du *Carnaval de Venise*, exécutée par 600 musiciens. Les voyages qu'il fit à l'étranger, dès 1840, lui prouvèrent que sa popularité y était encore moins contestée qu'en France. En Allemagne et en Russie, il fut l'objet des démonstrations les plus sympathiques. Mendelssohn lui donnait l'accolade en public en lui faisant don de son bâton de mesure, le roi de Prusse le

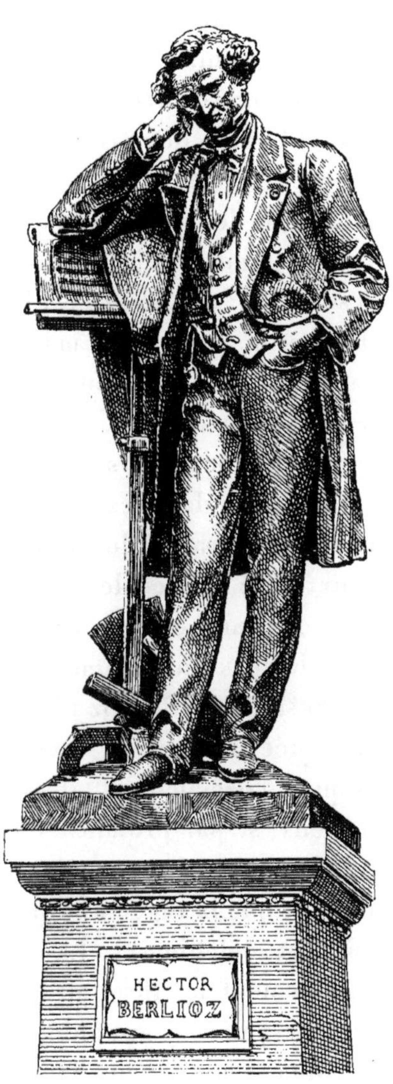

BERLIOZ. 1803-1869

décorait de l'Aigle rouge. Rentré à Paris, où l'attendaient des deuils de famille douloureux, le maître composa encore l'*Hymne à la France*, *l'Enfance du Christ* et l'opéra des *Troyens*. De jour en jour accepté et mieux compris, il ne tarda pas à prendre place dans la phalange des illustrations musicales.

Une critique autorisée a donné du maître l'appréciation suivante : « Berlioz s'est hardiment taillé, à l'écart de la routine, un ample manteau d'originalité, et ses audaces n'ont, le plus souvent, dû leur insuccès qu'aux défauts de l'exécution. L'art lui tiendra compte des vives discussions que ses ouvrages ont soulevées, et, s'il a prodigué dans ses compositions les couleurs violentes et disparates, du moins doit-on lui savoir gré d'avoir tenté de reculer les limites de la musique. Génie volontaire et opiniâtre, il est de ceux qui créent et non de ceux qui copient. »

La musique de Berlioz n'est cependant pas toujours à la portée de l'intelligence naïve des profanes. En musique, spécialement, les profanes sont les plus nombreux, si par profanes nous entendons les gens n'ayant pas fait, dans cet art, des études approfondies et n'ayant que la vague notion d'aimer les conceptions simples et mélodieuses. La musique de Berlioz n'est pas seulement la vibration d'une nature d'artiste rêveuse, c'est une symphonie savante très admirée par les connaisseurs, mais fatigante après une longue audition. Nous nous garderions d'amoindrir la gloire incontestable de Berlioz, nous tenons seulement à exprimer une nuance qu'il nous paraît utile d'exprimer en tant que profanes.

Cette musique savante, amoureuse des effets, est la traduction fidèle du sens dramatique. Pour arriver au but, il convient d'envelopper le chant d'accompagnements descriptifs en tirant parti des bruits extérieurs. L'orchestre, élargissant son rôle, est, pour ainsi dire, le narrateur qui suit l'action tout du long pendant le chant. Peint-il une tempête, par exemple, les violons imitent, par des traits rapides, les sifflements de la rafale, le tambour gronde en manière de tonnerre, les autres parties ont des tremblements, des saccades, des rauquements sur lesquels rebondit le chœur affolé des matelots. On entend la tourmente. Ce besoin de réalité est donc le spécifique de l'école moderne, qui fait de l'orchestre un peintre des milieux où se déroulent les passions. L'auteur des *Troyens* représente au plus haut degré cette note. Au milieu de ses productions musicales, le maître trouvait aussi le temps d'être écrivain de talent. Ses ouvrages techniques sont nombreux.

Mort il y a quelques années, ses admirateurs et ses amis ont voulu consacrer sa mémoire par un monument. Malgré les obstacles et les difficultés, le comité, qui en a pris l'initiative, a vu réussir son œuvre de réparation nationale vis-à-vis la mémoire de Berlioz. Une somme de 20,000 francs a été réunie par ses soins, et le sculpteur Alfred Lenoir a été chargé d'exécuter la statue. M. Lenoir n'est pas seulement un habile praticien dans son art, il est encore le descendant du célèbre organisateur du Musée des Petits-Augustins sous la Révolution, M. Alexandre Lenoir, à qui l'on doit la conservation de tant de monuments précieux pour l'histoire de l'art français.

La statue de Berlioz vient d'être inaugurée tout récemment.

L'artiste a très intelligemment compris le caractère dominant de l'œuvre qui lui était commandée. Il a voulu nous représenter Berlioz, compositeur et chef d'orchestre; aussi l'a-t-il placé debout, à côté d'un pupitre sur lequel il appuie le bras; la main soutient la tête pensive. Cette attitude est très heureuse : elle nous offre fidèlement l'image du compositeur au moment où sa pensée rêveuse compose une de ces mélodies romantiques si admirées, qui assureront toujours à son talent une place remarquable parmi l'élite des musiciens.

ALEXANDRE DUMAS

PLACE MALESHERBES

L'écrivain le plus extraordinaire de ce siècle est à coup sûr Alexandre Dumas. Nul plus que lui n'a remué d'idées et ne les a présentées au public, avide de ses récits spirituels, avec une mise en scène plus variée et plus colorée. Alexandre Dumas est le roi du roman et l'un des coryphées du drame moderne, plus spécialement historique. Dans sa peinture des temps et des lieux, éclatent une couleur d'époque fidèle et un brio intarissable. On pourrait dire de lui qu'il fut un Vulcain sans pareil, un Cyclope de la pensée. Esprit alerte et souple, imagination pleine de saillies et de ressources, historien, conteur vif et de belle humeur, Dumas rassemble en lui toutes les qualités du génie national. Il représente comme personne l'esprit de notre siècle, avec une saveur et une exubérance comparables à sa seule nature elle-même. Son œuvre immense a réjoui des milliers de lecteurs en France et à l'étranger, et a semé chez les peuples l'admiration de la langue et de l'esprit français. Élever une statue à un si puissant écrivain est donc au premier chef une œuvre de reconnaissance. Ainsi et fort justement le comprit, vers 1882, un groupe d'hommes distingués, parmi lesquels, Gustave Doré, le grand dessinateur, — devenu le sculpteur de la statue, — ne fut pas le moins ardent; l'histoire doit en savoir gré à sa mémoire.

Le maître était mort depuis une douzaine d'années... C'est au cœur de l'hiver de cette terrible année 1870 qu'il rendait le dernier soupir dans sa villa de Puys, près Dieppe. Il semblait que ce grand cœur ne pouvait plus longtemps assister aux deuils de sa patrie. Arrivé au soir de la vie, pliant sous le faix d'une œuvre au-dessus des forces humaines, il s'éteignit doucement sur la grève charmante de la côte normande, et le pâle rayon du soleil de décembre salua pour la dernière fois son génie. Un fils, aimé de tous, lui rendit les derniers devoirs à Puys même, et attendit la fin de l'occupation prussienne et le printemps d'une année meilleure pour transporter ses cendres à Villers-Cotterets, ville de naissance et des années d'enfance. Cette translation donna lieu à une manifestation des plus imposantes, bien faite pour rendre au cœur ulcéré d'Alexandre Dumas fils une douce et suprême consolation. Représentant la reconnaissance du peuple entier de France, les habitants de Villers-Cotterets suivirent en foule leur illustre concitoyen au champ des morts et portèrent eux-mêmes le cercueil.

Né au commencement du siècle, dans ces années de gloire conquérante où la fortune de la France, attachée à celle de Napoléon, traversa un instant les phases les plus brillantes, Dumas a rempli toute notre époque de son nom. Il a écrit pour les humbles et pour les forts, pour les riches et pour les pauvres, semant partout comme une monnaie courante les grains d'une verve et d'une bonté intarissables. Voilà pourquoi sa statue est en vénération comme l'est sa mémoire.

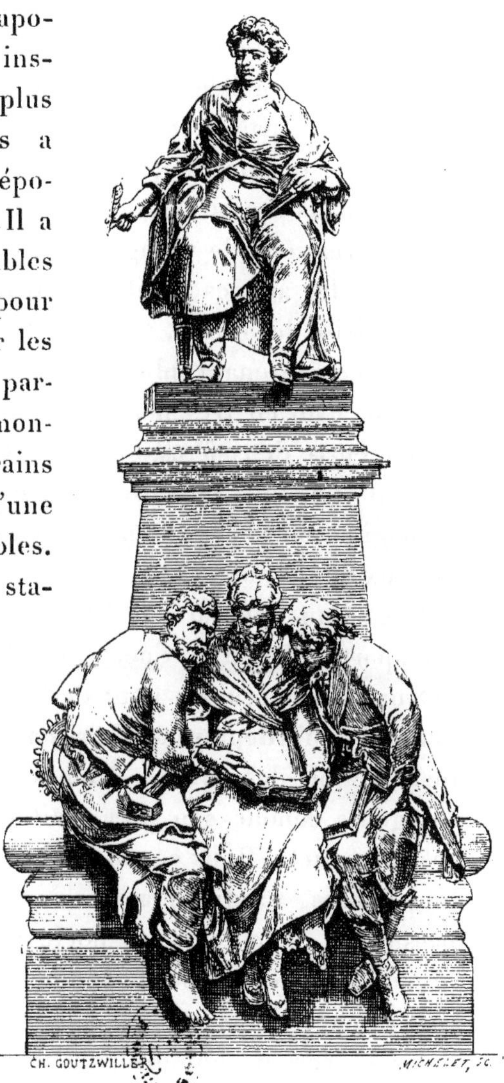

ALEXANDRE DUMAS. 1803-1870

Le drame est chez nous la forme théâtrale la plus populaire, parce qu'elle répond mieux que les autres au goût et à l'esprit modernes. Alexandre Dumas l'aborda avec un talent d'une personnalité et d'une puissance rares. Pendant quarante années, il en fut le maître et la personnification. Ce qui caractérise surtout son génie, c'est l'action qui se révèle chez lui dans toutes ses œuvres, dans ses romans comme dans ses pièces de théâtre, voire même dans ses impressions de voyage et ses causeries. Dumas, pendant les années où il produisit le plus, déploya une activité dévorante, travaillant jour et nuit, voyageant, entreprenant plusieurs œuvres à la fois, les menant à fin en très peu de temps, improvisant un roman entre deux fêtes, en un mot toujours en mouvement et malgré cette exubérance connue de santé et d'imagination, on s'étonne toujours du nombre prodigieux de ses ouvrages.

Fils d'un général du Directoire, surnommé par Bonaparte l'Horatius Coclès du Tyrol pour sa belle défense à lui seul du pont de Brixen, et célèbre par l'énergie qu'il déploya au Caire en réprimant la grande insurrection des Arabes, Dumas brûla la poudre de son génie comme son père avait brûlé la poudre de ses mousquets. Doux comme un enfant, tendre comme une femme, prodigue à l'excès, joyeux, séduisant, passionné, Dumas est un poète épique, un de nos premiers metteur en scène des événements historiques. Ses drames de cape et d'épée sont restés des modèles et seront toujours admirés par leurs coups de théâtre étincelants et leurs allures chevaleresques.

« Comme les paladins de nos légendes, dit M. Claretie, les héros de Dumas s'en vont par les chemins ferrailler toujours pour quelque noble cause, et, Fran-

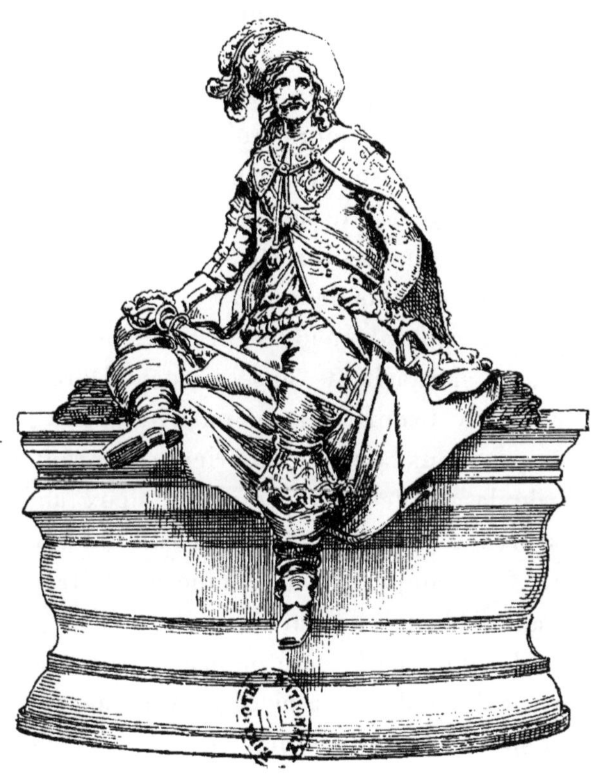

çais jusqu'à la folie, ils donnent même parfois leur sang pour des causes qui ne sont point les leurs. Ils sont dupes quelquefois, mais sincères et enthousiastes toujours. Leur créateur, cet homme admirable qui avait pour vertu d'admirer les autres, n'aimait pas au théâtre l'ironie qui se moque de l'homme. L'auteur de *Henri III*, d'*Angelo*, de *Charles VII* et de *Mlle de Belle-Isle* était pour tout ce qui ennoblit la nature humaine. La bravoure, la générosité, la pitié, le pardon, auront tenu la plus grande place dans son œuvre. La clarté, la logique, l'intérêt toujours croissant, la gaieté saine, puissante, contagieuse, sans amertume, voilà ses qualités à lui, qualités, je le répète, essentiellement françaises, et par lesquelles il reste sympathique à tous les âges et à tous les états de la vie. »

Le peuple, spécialement, s'éprit de ses récits dramatiques et si attachants, aussi Gustave Doré voulut-il fixer dans le bronze cette popularité par le groupe de gens pris dans la classe laborieuse décorant le piédestal de la statue et représentant deux auditeurs assidus près d'une jeune femme lisant un roman de Dumas. Ce groupe, bien composé et très vrai, donne au piédestal un cachet d'originalité particulier, tandis que sur le côté opposé le talent nerveux et puissant du sculpteur a placé d'Artagnan, le légendaire et superbe mousquetaire, en son riche costume, tenant son sabre d'une main et le bras gauche fièrement campé sur la hanche.

Quant à Dumas, il est représenté assis, tenant d'une main un cahier, de l'autre une plume : son visage exprime une pensée intelligente qu'il s'apprête sans doute à transcrire. Le sourire avec lequel il regarde la foule du haut de son piédestal est peut-être une allusion au contentement qu'il éprouve de se sentir dans sa bonne ville de Paris, où il aimait toujours à revenir et à se retremper après ses fugues les plus longues et les plus lointaines. L'ensemble est original et bien artistique, malheureusement la hauteur du piédestal est telle que l'effet général s'en trouve atteint et choque même les regards les moins difficiles.

C'est au Cercle de la Presse qu'on doit l'initiative du mouvement en faveur de la statue d'Alexandre Dumas. On y organisa une Revue unique, à laquelle avaient collaboré une dizaine des écrivains les plus spirituels de Paris. On recueillit ainsi les premiers fonds du monument. Le souvenir de Dumas planait sur cette fête et galvanisait les plus sceptiques. Des souscriptions furent organisées de tous côtés. Le ministre de l'instruction publique donna 12,500 francs. Gustave Doré exécuta pour rien non seulement la statue, mais le groupe de *la Lecture*, qui orne le devant du piédestal et dont nous avons parlé, outre le *d'Artagnan*, placé derrière.

La statue fut inaugurée en novembre 1883 sur cette place Malesherbes, si élégante et si gaie, placée si bien au centre d'un quartier riche et artistique. Des immortelles jaunes avaient été plantées le long d'une petite allée de sable rose. La statue était encore recouverte d'un long voile, sous lequel se dessinait la rigidité des lignes. Tout autour du piédestal stationnait une foule énorme, calme, patiente, ne marquant aucun de ces sentiments bruyants ou gouailleurs qui se font jour parfois dans les masses un peu compactes.

C'est sur l'air populaire de : *Mourir pour la patrie*, du *Chevalier de Maison-Rouge*, que le voile de toile qui recouvrait l'œuvre de Gustave Doré tomba. D'enthousiastes applaudissements saluèrent le statuaire, les têtes se découvrirent et une profonde émotion régna dans la foule. On commença les discours. M. de Leuven, président du comité et ami d'enfance de Dumas, prit la parole le premier. Puis vint le tour de M. Kaempfen, directeur des Beaux-Arts. M. Jules Claretie, dans un discours éloquent, retraça les caractères et les qualités éminentes de Dumas dramaturge, romancier, homme privé. Enfin, M. Edmond About, au nom de la Société des gens de lettres, et M. Halanzier, directeur de l'Opéra, au nom des artistes dramatiques, rappelèrent l'influence de l'écrivain dans la littérature contemporaine et sur la scène théâtrale. La série des discours fut close par quelques paroles d'un ouvrier représentant la classe des lecteurs la plus nombreuse et la plus intéressante.

LEDRU-ROLLIN

PLACE LEDRU-ROLLIN

Le même piédestal qui, sous le régime précédent, portait la statue du prince Eugène de Beauharnais, en face la mairie du onzième arrondissement, a reçu la statue d'un homme politique républicain. Singulier retour des choses d'ici-bas ! Le vaincu de Pharsale est à son tour le vainqueur de César, et la République exilée que personnifie Ledru-Rollin remonte au pavois : le proscrit d'hier devient le triomphateur de demain. Faut-il s'en étonner plus que cela dans un pays au tempérament mobile et inconstant comme la France ?

C'est à Ledru-Rollin que nous devons l'institution du suffrage universel, instrument et base désormais de tous les gouvernements libres. Cette institution est le grand titre de gloire de Ledru-Rollin devant la postérité ; c'est ce qu'il importait tout d'abord de détacher de la carrière si remplie de cet homme d'État.

Nul plus que Ledru-Rollin n'a contribué par son activité et par son talent à renverser la monarchie, déjà si ébranlée de Louis-Philippe, et à y substituer la forme républicaine. Il est, avec Lamartine et Louis Blanc, l'un des trois coryphées du mouvement de Février, de cette révolution démocratique de 1848 qui détruisait à tout jamais le passé. Victor Hugo résumant l'esprit de cette révolution a dit d'eux : « Louis Blanc en est l'apôtre, Lamartine en est l'orateur, Ledru-Rollin en est le tribun. »

Le tribun ! c'est bien certes la désignation la plus juste de cet orateur populaire. Il en avait l'accent, le geste, la hauteur, l'impétuosité convaincue, l'affirmation tonnante et superbe. Il frappait les foules par l'art avec lequel il faisait éclater l'indignation devant les excès de Guizot et, ainsi qu'on l'a dit, par la colère dont il illuminait la voix de la justice. Son éloquence, don naturel, doublée par de fortes études et une intelligence puissante, revêtait un éclat tout d'inspiration. L'homme était d'ailleurs servi dans ses succès par une réunion de qualités physiques tout à fait appropriée à son rôle : noble visage, taille imposante, voix expressive, regard qui s'allumait au feu de la parole.

L'œuvre de Steiner reflète tous ces avantages et nous représente Ledru-Rollin à la tribune. L'artiste a rendu vivant son modèle. Devant la statue on oublie la laideur du costume moderne, à ne considérer que l'expression de la tête distinguée et l'attitude générale du personnage ! Son caractère est aussi parfaitement saisi et rendu : il est là tout entier, dialecticien passionné et jurisconsulte éloquent.

Malgré ses faiblesses pour le socialisme, ce politique était à ses heures un délicat penseur et un journaliste érudit. — Sa vie a tout entière été consacrée à combattre pour la démocratie et, même après la victoire, en possession du plus important ministère, il lutte et lutte toujours pour obtenir des améliorations et des soulagements au sort des petits et des plus nombreux. Il y dévoue toute ses forces physiques et morales, y compromet sa fortune personnelle et ne quitte son poste qu'après la défaite, pour s'acheminer stoïquement vers l'exil. Quelles que soient sa témérité et son audace, qui lui faisaient souvent dépasser le but à atteindre et ignorer l'art de contenir sa fougue dans les limites des conquêtes raisonnables, Ledru-Rollin doit être jugé avec respect, car il fut avant tout un cœur se donnant tout entier et se dévouant par conviction à ses idées et à ses amis.

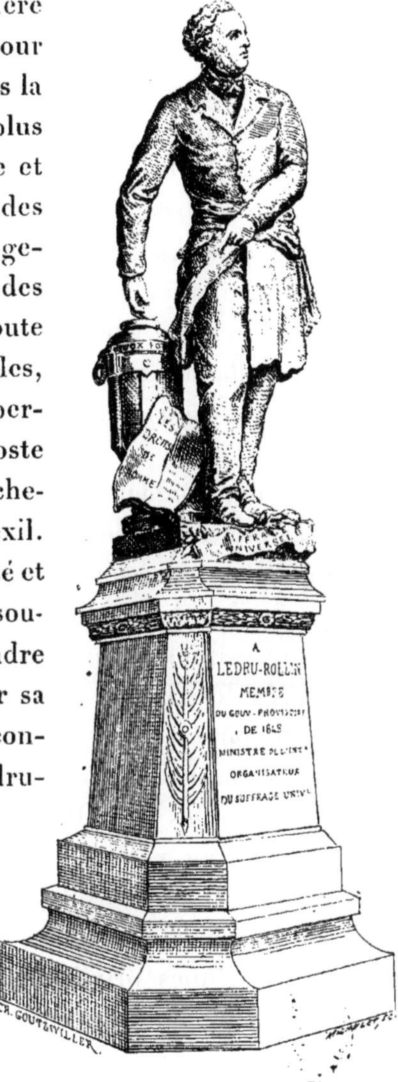

LEDRU-ROLLIN. 1808-1875

Sa carrière peut se diviser en trois périodes : la

première renferme sa lutte dans l'opposition ; la deuxième marque son rôle au pouvoir; la dernière, enfin, est remplie par sa chute et son exil. 1870 lui rend la liberté, mais son rôle après les événements de 1871 à l'Assemblée nationale n'est même plus le reflet de ses brillantes ardeurs d'antan ; l'homme est vieilli, fatigué et succombe à la tâche. En 1874, après le seul discours qu'il prononce, pour défendre encore le suffrage universel menacé par une réaction nombreuse, il sent, au sortir de la séance, se raviver les atteintes d'une maladie de cœur, qui peu de temps après le met au tombeau.

Comme soldat de l'opposition, Ledru-Rollin mérite d'arrêter les regards. Nommé député dans la Sarthe en 1842, il réclame le suffrage universel dans une profession de foi célèbre. « La souveraineté du peuple, écrivait-il à ses électeurs, est le grand principe qu'il y a près de cinquante ans nos pères ont proclamé. Mais cette souveraineté, qu'est-elle devenue? Reléguée dans les formules d'une constitution, elle a disparu du domaine des faits. Pour nos pères, le peuple était la nation tout entière, chaque homme jouissant d'une part égale de droit politique.

« Aujourd'hui le peuple est un troupeau conduit par quelques privilégiés comme vous, comme moi, Messieurs, qu'on nomme électeurs, puis par quelques privilégiés encore qu'on salue du titre de députés.

. . . .

« Messieurs, ajoutait-il, la réforme électorale est le premier pas à faire; sans elle tout progrès pacifique est impossible. Cette réforme, il la faut radicale : que tout citoyen soit électeur, que le député soit l'homme de la nation, non de la fortune, qu'il soit désigné par sa vertu. »

C'est en ces termes que Ledru-Rollin réclamait, non sans courage à l'époque, la reconnaissance de l'égalité des droits des citoyens. Attaché à cette idée généreuse qui était alors le fond de toute la politique d'opposition, mécontente comme le peuple, — après les journées de Juillet, de se retrouver de plus en plus les prisonniers d'une minorité bourgeoise, — Ledru-Rollin alla de l'avant dans son rôle de républicain, malgré les amendes, les condamnations et les vexations de toute espèce. A la Chambre des députés, de 1842 à 1848, on le voit prendre part à toutes les discussions importantes contre la politique du gouvernement. Qu'il s'agisse des fonds secrets, des traitements infligés aux prisonniers politiques du mont Saint-Michel, des fortifications de Paris, « dirigées, disait-il, non contre l'invasion étrangère, mais contre la liberté, » de la loi de régence, de l'indemnité Pritchard, de l'abolition de l'esclavage, des restrictions au droit électoral, de la politique générale, enfin de la question sociale, Ledru-Rollin se fait le défenseur des classes ouvrières et l'accusateur public du pouvoir.

Cependant son parti était assez restreint dans la

Chambre et dans la presse : c'est alors qu'il quitte sa profession d'avocat au conseil d'État et que, sans regarder aux sacrifices pécuniaires, il fonde son journal *la Tribune*, dont il fit une arme puissante. Puis, quand vint la campagne des banquets réformistes, on le voit avec sa fierté habituelle et son talent oratoire briller à la tête des membres de l'opposition la plus avancée et, disons-le aussi, la plus applaudie.

L'explosion était forcée; elle eut lieu le 24 février 1848 et mit le sort de la France entre les mains du peuple. C'est à son énergie à la tribune dans cette mémorable journée, et de concert avec Lamartine, qu'il empêche les députés censitaires de nommer une régence et qu'il en impose à tous, en attendant que le peuple vienne en foule avec Caussidière chasser les membres de la Chambre.

La seconde partie de sa vie commence à ce moment. Désigné comme ministre de l'Intérieur dès l'installation du gouvernement provisoire, il marque son passage au pouvoir par des réformes importantes. Il supprime les compagnies d'élite de la garde nationale, qui faisaient subsister l'inégalité sociale, il crée et organise le suffrage universel, ce mécanisme gigantesque, déclaré un mois avant une utopie, mais qui une fois mis en jeu fonctionne régulièrement. Quel que soit le parti auquel on appartienne, il convient de reconnaitre que la France doit à Ledru-Rollin d'être maîtresse désormais de ses destinées. C'est une révolution pacifique dont les résultats sont profonds. Avec le suffrage universel ce que les partis demandaient autrefois à l'insurrection, ils ne l'attendent plus aujourd'hui que de la loi : le contraste ne manquera pas de frapper.

Ledru-Rollin au pouvoir, représentant la nuance la plus accentuée du parti républicain, sut faire des sacrifices d'opinion à ses collègues et à la situation générale de la République; mais il fut un point sur lequel il ne transigea jamais : il débusqua de toutes les places les monarchistes qui les remplissaient et s'y cantonnaient; il fit une administration républicaine. — Quand l'Assemblée nationale du 5 mai fut nommée, les éléments républicains n'étaient plus en majorité; on maintint cependant Ledru-Rollin dans la commission gouvernementale jusqu'au jour où le général Cavaignac fut élevé au rang de chef du pouvoir exécutif.

Quelques mois plus tard, le 10 décembre, l'élection par le pays portait à la présidence de la République le prince Louis-Napoléon Bonaparte, fils de l'ancien roi de Hollande. Ledru-Rollin rentra alors dans les rangs de l'opposition. — C'est la dernière partie de sa vie qui commence. Il combat à la tribune l'expédition de Rome, demande la mise en accusation des ministres pour violation de la Constitution, se met à la tête de manifestations du parti avancé, manifestations que disperse Changarnier avec ses troupes. Ledru-Rollin, se sentant de plus en plus vaincu, s'achemine vers l'exil. Retiré à Londres, il emploie son intelligence à des travaux littéraires et politiques sur l'Angleterre et, de son cabinet, donne encore le mot d'ordre aux comités démocratiques de Paris. Pour cette raison Ledru-Rollin ne fut pas admis à l'amnistie de 1859 et subit l'exil jusqu'à la chute de Napoléon III, en 1870.

Rentré en France après les événements de l'année terrible, son activité refroidie ne put être vaincue par ses amis. On parvint à lui faire accepter une candidature à la Chambre avec beaucoup de peine. Décédé en 1875, dans sa propriété de Fontenay-aux-Roses, il obtint les honneurs de funérailles solennelles où l'on entendit les grandes voix de Victor Hugo, de Louis Blanc et de Crémieux mêlées dans d'unanimes et sincères regrets pour le talent, le discernement, les qualités d'action de l'orateur et de l'homme d'État. On lui éleva un monument au Père-Lachaise et sa statue a été érigée sur l'ancienne place Voltaire, devenue depuis lors place Ledru-Rollin.

CLAUDE BERNARD

ESCALIER DU COLLÈGE DE FRANCE

Ce grand savant avait eu des débuts très modestes. Né en 1813, dans un obscur village du département du Rhône, Claude Bernard, après une absence à peu près complète d'études premières, fut obligé, pour vivre, d'entrer comme apprenti dans une petite pharmacie de Vaise, à Lyon. Le métier d'élève pharmacien répondait peu aux désirs de son esprit. Un beau jour, il dit adieu à l'officine lyonnaise, et se rendit à Paris pour essayer une autre voie. Il ruminait d'entrer dans la littérature, et avait en poche une tragédie intitulée : *Charles VI*, plus un vaudeville. Il alla soumettre le tout à Saint-Marc Girardin, qui était l'oracle littéraire du jour, et dont les leçons à la Sorbonne, sur l'*usage des passions dans le drame*, faisaient en ce moment accourir autour de sa chaire toute la jeunesse lettrée.

Voltaire, consulté par un frater qui lui soumettait ses essais poétiques, lui avait répondu : *Faites des perruques, mon ami, faites des perruques !* Saint-Marc Girardin, après avoir lu *Charles VI*, dit à l'échappé de la pharmacie : *Faites de la médecine, jeune homme, faites de la médecine !*

Ce bon conseil fut suivi. Claude Bernard se fit recevoir docteur en médecine de la Faculté de Paris; il avait alors trente ans. Peu après, docteur ès sciences, préparateur de M. Magendie au collège de France, succédant en 1854 à ce savant dans la chaire de physiologie expérimentale, il passa au Muséum, en 1868, dans celle de physiologie générale.

Le modeste étudiant de Lyon avait, après son doctorat, hésité assez longtemps avant de se consacrer aux études scientifiques et avait songé à se faire médecin pratiquant et à retourner au pays natal. Sa décision, conforme aux conseils de Magendie, lui ouvrit des horizons plus vastes. Il devint vite célèbre. L'empereur Napoléon III, voulant le distinguer, lui donnait en 1869 une place de sénateur et la croix de commandeur de la Légion d'honneur.

Claude Bernard avait établi sa réputation sur la découverte de la fonction glycogénique du foie. Il soutint cette réputation acquise en publiant quelque temps plus tard un travail sur la fonction digestive du pancréas. L'Académie des sciences couronna ce mémoire en 1846; malheureusement, la réfutation, par divers spécialistes, de cette théorie a démontré qu'elle ne devait pas être acceptée aussi complètement que l'enseignait Claude Bernard. Il est des découvertes de ce savant qui vivront dans la science et qui resteront. Citons, entre autres, ses démonstrations sur les fonctions des principaux nerfs et sur leur influence dans la circulation du sang. Citons également ses recherches sur l'action spéciale de certains poisons, du *curare* en particulier.

Claude Bernard a basé une grande partie de ses expériences sur l'étude des animaux vivants. On a décoré cette manifestation nouvelle de la science du mot de *vivisection*. La physiologie doit à cette méthode de nombreuses découvertes; mais, offrant à la pensée l'idée d'une persécution cruelle des animaux, la vivisection a soulevé de nombreuses protestations.

Claude Bernard n'a pas eu que des admira-

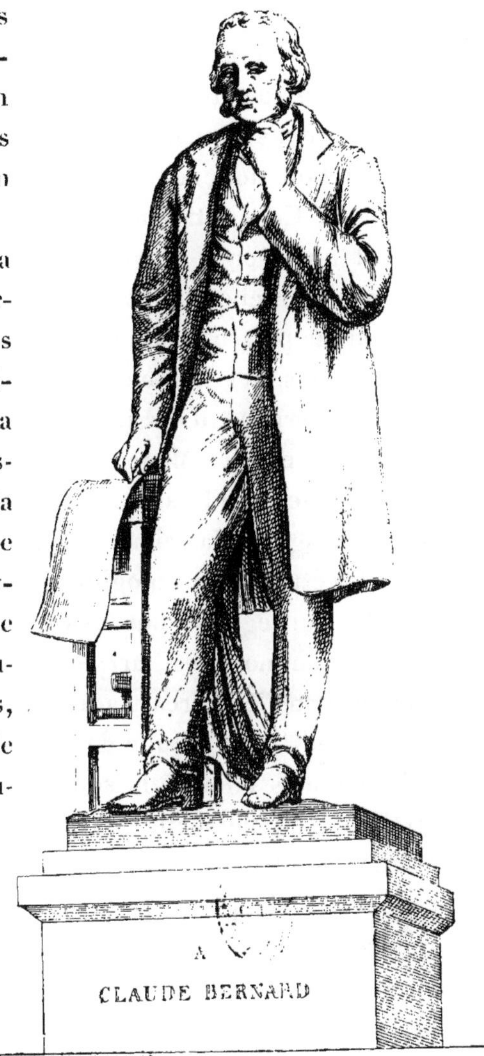

CLAUDE BERNARD. 1813-1878

teurs, ou tout au moins il n'est pas resté à l'abri de critiques sévères. M. Louis Figuier, dans son *Année scientifique* de 1879, après avoir parlé de son rôle scientifique, s'exprime ainsi : « Voilà, il nous semble, à quoi l'on doit réduire les découvertes de Claude Bernard. Cela est peu, on en conviendra, pour un savant qui a eu si longtemps entre les mains tous les moyens de recherche et d'investigation qu'un expérimentateur puisse désirer... Cela est peu, comparé aux découvertes des hommes de génie qui ont précédé Claude Bernard dans la même carrière, des Bichat, des Flourens, des Magendie, des Longet.

« Tout le monde sait, ajoute M. Louis Figuier, que depuis vingt ans la science allemande nous a distancés dans les études physiologiques. Ce sont les idées allemandes qui règnent dans nos Facultés. C'est de l'Allemagne que nous est arrivée l'histologie, qui trône partout dans les livres traduits de l'allemand qui sont en honneur pour l'étude de la physiologie, et de mauvais manuels allemands sont le *vade mecum* de nos étudiants en médecine. Cette prépondérance de la science d'outre-Rhin, qui accuse indirectement la décadence de la physiologie française, on ne peut en rendre responsable que le savant qui a eu pendant vingt ans la mission de diriger, en France, cette partie de la médecine, et qui, préoccupé uniquement de ses travaux personnels et de son éternelle *glycogénie*, nous a laissé envahir par la science étrangère, sans songer un moment ni à l'arrêter, ni à la réfuter, ni à la combattre. »

Quoi qu'il en soit, certains savants, capables mieux que nous de juger Claude Bernard, notamment M. Paul Bert, son élève le plus direct, ont songé à lui élever une statue après sa mort survenue le 10 juin 1878. Pour en rehausser l'importance, ils firent choix de l'emplacement libre situé en face la grande façade du Collège de France, rue des Ecoles. Son exécution en fut confiée au professeur Guillaume, qui s'en est acquitté fort habilement La belle tête du savant est penchée en avant dans l'attitude de la méditation. L'homme est debout, la main droite appuyée sur une table chargée d'instruments de physique et sur laquelle est placé un jeune chien mort.

Cette statue est peut-être la plus simple de toutes celles qui ornent Paris. Un petit piédestal, bas sans décorations; une courte inscription rappelant le nom du savant et l'intention de ses disciples ou collègues; une grille maigre, et c'est tout. Sans les traces du talent du sculpteur qui a bien reproduit les traits de son modèle et sa pensée méditatrice, sans l'emplacement fort en vue du monument et sa situation élevée dominant l'escalier de face du Collège de France, nul n'y prendrait garde. Son inauguration a eu lieu en 1881.

HENRI REGNAULT

ÉCOLE DES BEAUX-ARTS

La perte d'Henri Regnault, le peintre soldat, tué, à l'âge de vingt-sept ans, est un deuil que nous devons à la néfaste guerre de 1870. Tous les amis de ce jeune patriote l'ont pleuré sincèrement et ont communiqué leur douleur à ceux qui n'ont pu que lire le récit de cette existence pour laquelle l'avenir s'annonçait si brillant.

Henri Regnault se destina dès sa jeunesse à la peinture, vers laquelle l'entraînait un penchant naturel. Il commença ses études à l'École des Beaux-Arts de Paris, dans l'atelier de Cabanel, et obtint en 1866 le prix de Rome avec son tableau de *Thétis apportant à Achille les armes forgées de Vulcain*. Il s'était déjà fait connaître par des portraits, des dessins, des études de têtes et de paysages, où se révélaient un faire indépendant des règles de la tradition, une touche hardie et un coloris brillant. Les types de figures, par leurs poses faciles et enlevées, leur fière allure, dénotent l'artiste de goût et de tempérament.

Mais Regnault ne devait pas trouver la note de son talent dans les compositions d'histoire de l'École de

Rome et les études des héros de l'antiquité. La correspondance de cette époque de sa vie témoigne qu'il avait hâte de voir se terminer son stage de pensionnaire à l'Académie pour courir les pays ensoleillés. Sa fortune lui avait permis jusque-là de prendre l'avant-goût des contrées méridionales dans un voyage qu'il fit en Espagne en 1868.

Son tempérament, ardent et enthousiaste, s'accommodait à ravir de ces sites merveilleux. L'artiste avait senti le coup de foudre devant cette lumière dont il se disait ivre. C'est que nulle part, en effet, comme dans ces pays magiques d'Orient, la nature n'étale de plus riches couleurs. Les feux du soleil revêtent à l'aurore ou au crépuscule des teintes, tantôt lilas tendre comme celle des porcelaines, tantôt vives et pourprées comme des rubis. Les sables du désert et les toits blancs des maisons se découpent sur un ciel indigo, tandis que les types d'hommes ou de femmes offrent un double caractère par la physionomie et le costume.

L'Espagne est comme l'atrium de l'Orient. A mesure que le peintre s'y enfonçait, il s'en déclarait plus amoureux; insensiblement il se sentait attiré de plus en plus vers le Midi, et avant de passer sur la terre africaine où il s'installera définitivement, et comme pour ménager une transition à la gradation de la lumière qu'il aime tant, il court l'Andalousie en véritable artiste, s'arrêtant partout où l'appellent une nature pittoresque, un monument ou des types locaux expressifs. C'est en Espagne, à cette époque de sa vie (1868), qu'il brosse son magistral portrait de Prim, œuvre vigoureuse et nerveuse où l'on découvre une impression vivement traduite et où l'on semble voir se dérouler avec une furia toute castillane les flots pressés et bruyants de toute une révolution.

D'Espagne enfin il passe à Tanger, où il peint sa *Salomé*, si discutée au Salon de 1870, mélange de hardiesse expressive et de grâce féline. Cette œuvre, dont le faire n'est pas à l'abri des reproches, est vraie sous le rapport de l'observation. La Salomé est une image bien saisie de l'Orient, avec ses bigarrures et sa mollesse. C'est à la fois le Salamnick et le concert arabe, le divan mystérieux et la sieste mahométane. Devant elle on se croit transporté à Mogador ou à Keneh, car elle évoque aussi bien l'almée sur le point d'esquisser son pas des œufs devant le noble visiteur, que la chanteuse accompagnée des bruits du tam-tam. — Les admirateurs l'emportèrent en nombre sur les adversaires, et le talent de Regnault fut désormais à l'ordre du jour. Il donna peu après, parmi ses toiles principales : *Une Exécution à Grenade dans l'Alhambra*, le *Départ pour la Fantasia*, la *Sortie du Pacha à Tanger*, scènes africaines et colorées, dans lesquelles il se spécialise. Regnault avait donc trouvé son chemin de Damas.

Sa réputation était faite et on le considérait comme

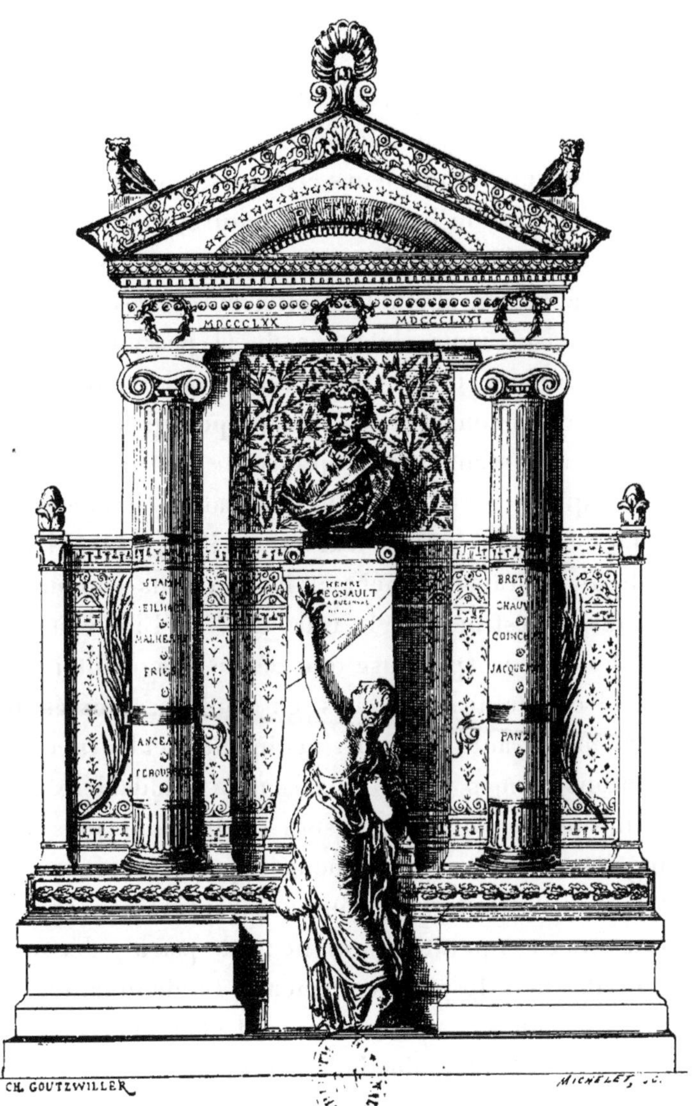

HENRI REGNAULT. 1843-1871

un des meilleurs peintres orientalistes modernes, successeur des Decamps, des Marilhat et des Fromentin, bien que possédant une originalité propre. Cette originalité, suivant plusieurs critiques, n'était en somme qu'une imitation habile de la nature, et rien de plus comme sentiment, rehaussée de contrastes vigoureux, mais dépourvue d'émotion intérieure ; très décorative d'effet visé, mais détachée de la passion, cet élément premier de la vie. N'est-ce pas lui d'ailleurs, n'est-ce pas son esprit si émancipé qui lançait dans sa correspondance cet aphorisme qui n'est bel et bien qu'un paradoxe à la réalisation dangereuse : « La décoration est le vrai but de l'art, » et qui considérait le raisonnement et le bon sens comme des entraves destinées à le refroidir ? — Fidèle à cette méthode plus spécieuse que réelle, Regnault nous a laissé des tableaux riches en couleur, brossés largement, offrant dans leurs négligences et leurs contradictions mêmes un je ne sais quoi d'audacieux et de séduisant, capable au besoin de troubler plus d'un jugement. Mais si, dédaigneux du premier mouvement, toujours favorable à l'œuvre en principe, on veut raisonner ses peintures, on ne tarde pas à y découvrir une absence de pensée et même d'individualité, tout étant sacrifié à la couleur forcée et à la recherche d'une impression brutale destinée à frapper les sens.

Si son talent mieux jugé, aujourd'hui que le temps a passé sur son œuvre, peut être de tout droit discuté, il n'y a qu'une voix, par contre, pour exalter le héros à l'âme ardente et généreuse, immolant sa vie et son avenir pour sa patrie. Quoi de plus émouvant que sa fin tragique par un de ces jours glacés de janvier 1871, à la fin du siège de Paris!

Dès la déclaration de guerre, il était parti plein d'entrain pour s'engager, dédaignant le privilège des prix de Rome, dispensés du service militaire. Il rêvait, ce cœur généreux, d'être dans les rangs des vainqueurs à l'assaut de quelque place ennemie, en tout cas de camper aux avant-postes, le plus près du danger. Hardi, téméraire, toujours aux premières lignes, il refusa le grade d'officier qu'on lui proposait, préférant rester simple volontaire et prêcher d'exemple auprès des timides. Il fit si bien son devoir qu'à l'attaque du château de Buzenval, alors qu'après une lutte désespérée on sonnait la retraite, il se retira lentement voulant brûler la dernière cartouche. Resté seul sur le champ de bataille, il fut tué, laissant le souvenir d'un courage, hélas! inutile quant au résultat final, mais admirable et digne de servir de modèle aux plus vaillants.

L'École des Beaux-Arts, désireuse de consacrer le souvenir de ses enfants morts devant l'ennemi, leur éleva un monument, en 1876, dans la cour du *Figuier*, appelée aussi le *Cloître*, à cause des arceaux qui l'entourent. Le motif principal de ce monument est le buste en bronze d'Henri Regnault, placé au centre sur un cippe funèbre, et devant lequel une jeune femme, allégorie de la Jeunesse, se hausse dans un effort enthousiaste pour offrir une palme au vaillant soldat artiste.

L'ajustement architectonique figure une sorte de portique grec, rehaussé de quelques motifs décoratifs, et sur le fronton duquel le mot *Patrie* brille en lettres d'or. L'exécution de cet ensemble est dû à deux camarades de Regnault, MM. Degeorge et Pascal. Chapu est l'auteur de la statue de la Jeunesse. Cette jeune vierge, drapée à l'antique, dans une pose simple et gracieuse, est une figure charmante, mais d'une mélancolie trop mesurée pour une élégie. Le sentiment douloureux des traits semble en elle un peu sacrifié à la grâce générale.

Le buste de Regnault, par Degeorge, est énergique et altier. La tête est mâle et douce tout ensemble, rêveuse et recueillie, le front haut, la chevelure rejetée en arrière. On y lit le tempérament de l'artiste. Tel est ce monument, élevé à l'amour de la Patrie, digne interprète d'une pensée toujours vibrante dans les cœurs.

LA FONTAINE SAINT-SULPICE

FÉNELON, BOSSUET, FLÉCHIER, MASSILLON

On pourrait dire de Paris qu'il contient dans son enceinte une série variée de villes particulières figurées par des parties différentes, ayant chacune son caractère spécial. C'est là, parmi tant d'autres, une des supériorités de Paris sur mainte capitale rivale, l'une des causes pour lesquelles l'observateur trouve notre cité si pleine de charmes. Le commerce a ses sièges spéciaux, suivant qu'il s'agit des articles de luxe ou d'exportation : c'est le Marais, le boulevard des Italiens, ou la rue du Sentier; l'industrie se confine à la Villette, à Grenelle, ou au faubourg Saint-Antoine; Passy a les rentiers; le Champ-de-Mars, l'armée; le quartier de l'Etoile, la colonie étrangère; le Quartier Latin, les étudiants et les collégiens; le faubourg Saint-Germain, les nobles de vieille souche; le quartier Monceau, les financiers; le quartier Pigalle et des Batignolles, les artistes et les employés; le quartier Saint-Sulpice retient les lettrés et les philosophes. La place Saint-Sulpice est le centre de cette thébaïde paisible. Elle fut ouverte au commencement du siècle pour dégager les abords de la magnifique façade élevée en 1783 par Servandoni. Cet architecte avait des vues grandes et nouvelles : le premier à cette époque il forma une façade d'église avec des lignes droites et inaugura l'architecture où les ordres reparaissaient avec leur caractère propre et la justesse de leurs proportions. Chalgrin, qui donna la dernière main à ce célèbre frontispice de Saint-Sulpice, corrigea et améliora sur certains points l'ordonnance des tours, mais en laissa une inachevée. La place en avant de l'église était entrée dans le plan général de Servandoni. On peut juger, par la seule maison qu'on voit encore construite par lui[1] (comme le modèle de commencement de cette place, à laquelle il n'a point été donné de suite), quel aurait été le caractère d'habitations solides et assez nobles dans leur simplicité, dont il aurait environné cette vaste enceinte. Mais ce lieu resta longtemps sans pouvoir être déblayé, et depuis 1820, de nouveaux projets survenus ne permirent plus de faire revivre ceux de Servandoni.

En 1820, en effet, Louis XVIII jetait les fondements du séminaire ecclésiastique situé à l'ouest de la place. Un peu plus tard, l'Empire lui donnait pour voisine, en bordure sur la rue Bonaparte, la mairie du sixième arrondissement; quelques maisons de commerce et de rapport remplirent les intervalles; la place fut dès lors occupée telle qu'elle est encore aujourd'hui.

1. Celle où est établie aujourd'hui une succursale des bureaux de la Compagnie d'Orléans, faisant le coin de la rue des Canettes.

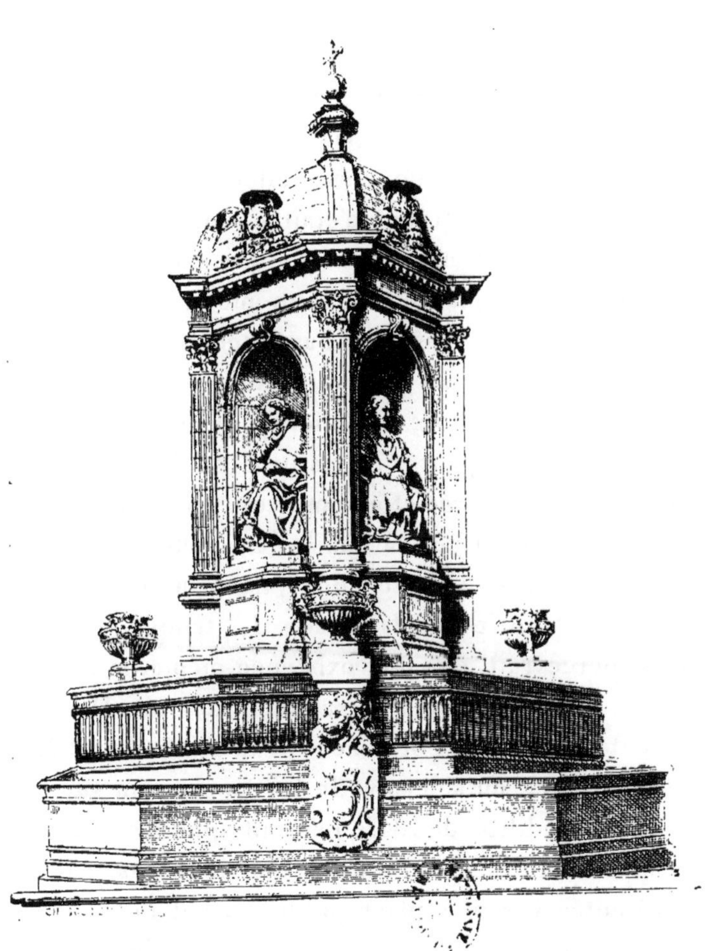

FONTAINE SAINT-SULPICE. ÉRIGÉE EN 1847

L'édilité parisienne en améliora les abords par des travaux importants de voirie ; on planta des arbres, pour réjouir la vue et donner de l'ombrage ; puis l'on songea à corriger la nudité du centre par un monument décoratif. Ce n'était pas chose commode, car le frontispice de Servandoni est tellement grandiose et d'un style si solennel, que c'était s'exposer, même en donnant un aspect monumental à une statue ou à une série de statues placées dans un monument central, de voir ce projet écrasé par l'architecture de l'église. L'événement confirma cette allégation.

On s'arrêta au choix d'une fontaine, on la fit vaste et colossale : on peut s'en assurer en l'approchant. Pour ajouter en force et en ampleur, on la flanqua de quatre lions énormes, et ma foi très réussis. Malgré ces précautions et cette idée juste, la fontaine se trouve amoindrie par la façade du temple, et nul ne s'apercevrait de son existence même, si l'on ne prenait fantaisie d'aller l'examiner de près. Dès que l'on eut décidé que l'ornement de la place devait être une fontaine, on s'occupa de lui trouver un sujet et un style. L'édilité de 1847, pensant que les hommes marquants du clergé français n'étaient pas encore représentés sur une place publique, eut l'idée d'associer dans ce monument les quatre plus grands évêques du dix-septième et du dix-huitième siècle, estimant sans doute que ce monument, placé devant le plus important séminaire de France, marquerait une attention bienveillante à l'égard de l'Église. Fénelon, Bossuet, Massillon, Fléchier, furent les noms qui s'offrirent de suite à la pensée.

Fénelon, ancien précepteur du duc de Bourgogne et archevêque de Cambrai, avait été un écrivain érudit et brillant, un philosophe séduisant. Son *Télémaque*, sous une forme ornée, donnait des appréciations au Dauphin qui furent mal vues de la Cour, et lui attirèrent une disgrâce. Bossuet, évêque de Meaux, avait fait résonner Versailles de sa haute éloquence sous le grand roi, et était peut-être le seul homme, à cette époque de servile adulation, qui eût eu le courage de lui montrer la vanité des choses humaines. Il avait été en outre le plus ardent défenseur des idées gallicanes, aimées par le clergé national français, et était l'auteur de la fameuse déclaration de 1682. Fléchier, évêque de Nîmes, était un éloquent panégyriste, marchant sur les traces de Bossuet, comme orateur disert, au demeurant homme charitable et d'une tolérance digne d'éloges vis-à-vis les protestants de la région. Massillon, évêque de Clermont, orateur gracieux et sentimental, avait eu le don de plaire à Louis XIV et à Voltaire, et avait marqué comme prédicateur.

Au dessus des statues de chacun de ces hommes célèbres figurent les armes de leur évêché. La fontaine Saint-Sulpice, œuvre de Visconti, rappelle assez exactement le style de la fontaine des Innocents, telle qu'elle a été réédifiée et complétée à la fin du dix-huitième siècle par les architectes Poyet et Molinos, avec une calotte sphérique pour couronnement et une quatrième arcade pareille à celle de Pierre Lescot. L'eau descend de gradin en gradin par belles nappes, comme à la fontaine des Innocents, où les lions seuls font défaut. Les nymphes de Jean Goujon sont remplacées ici par d'austères évêques. MM. Feuchères, Hanno, Feuquier et Desprez sont les artistes sculpteurs de ces prélats. M. Derre est l'auteur des quatre lions, emblème flatteur des plus grandes sommités ecclésiastiques. Ces statues sont de celles dont on ne dit rien, parce qu'elles ont, artistiquement parlant, une valeur de juste milieu qui ne les font ni mépriser ni admirer. Cette fontaine, à la prendre d'ensemble et sans s'occuper de la façade de l'église, qui lui nuit, est à coup sûr un morceau d'architecture remarquable, et dont Paris peut, au milieu d'autres, se prévaloir à juste titre.

LA RÉPUBLIQUE

PLACE DU CHATEAU-D'EAU

Ce n'est pas un mince écueil pour la statuaire de trouver à un symbole qui n'est qu'une abstraction une forme suivant les lois de l'esthétique. Pour l'artiste, la République est une figure d'un caractère très complexe, personnifiant des aspirations élevées de liberté, de justice, de paix et de travail. Comment, avec les moyens dont l'art dispose, matérialiser un tel idéal ?

La réalisation plastique de cette figure inspire diversement peintres et sculpteurs : le plus souvent elle est traduite et vue par eux comme la liberté de Barbier :

C'est une forte femme...

dont on orne la tête, suivant sa nuance d'opinion, d'une gerbe d'épis ou d'un bonnet phrygien. Quelle que soit la façon dont on la comprenne, on est convenu de lui donner une image à la fois majestueuse et sereine, en l'environnant d'attributs pour éclaircir aux yeux de tous les diverses aspirations et progrès que son nom comporte.

La République n'est pas une conception moderne. Le monde antique peut se prévaloir de compter des républiques parmi ses gouvernements célèbres. Il y en eut à Rome, à Athènes et à Sparte. Le moyen âge en vit plus d'une croître, prospérer et s'effondrer. Beaucoup d'entre elles s'employèrent à faire des lois justes, à protéger les lettres et les arts. Leur histoire comparée serait du plus haut exemple et offrirait des contrastes saisissants.

Quant à la République française elle naquit de l'amour simultané de la liberté et de la patrie. Le feu de l'ennemi fut son baptême en 1792, alors que nos volontaires improvisés, sans solde et sans souliers, repoussaient l'invasion à Valmy avec les trois couleurs; 1848 marqua la conquête pacifique des esprits par la création du suffrage universel; 1870, enfin, la vit moins heureuse, mais non moins passionnée, pour la défense du territoire.

Paris compte aujourd'hui deux statues de la République. Outre leurs qualités intrinsèques, elles ont chacune un caractère propre absolument distinct l'une de l'autre. On pourrait dire avec raison que la statue de Soitoux, vis-à-vis l'Académie, réalise assez exactement le type de la République athénienne, et que la forte déesse de Morice traduit fidèlement la femme du peuple, âpre au devoir et au travail, reflétant dans sa rudesse le caractère de la République de Lacédémone : ici, la vierge antique au profil pur, aux habits parés et bien alignés, République à l'usage des mœurs policées d'Athènes et des membres de l'Institut; là

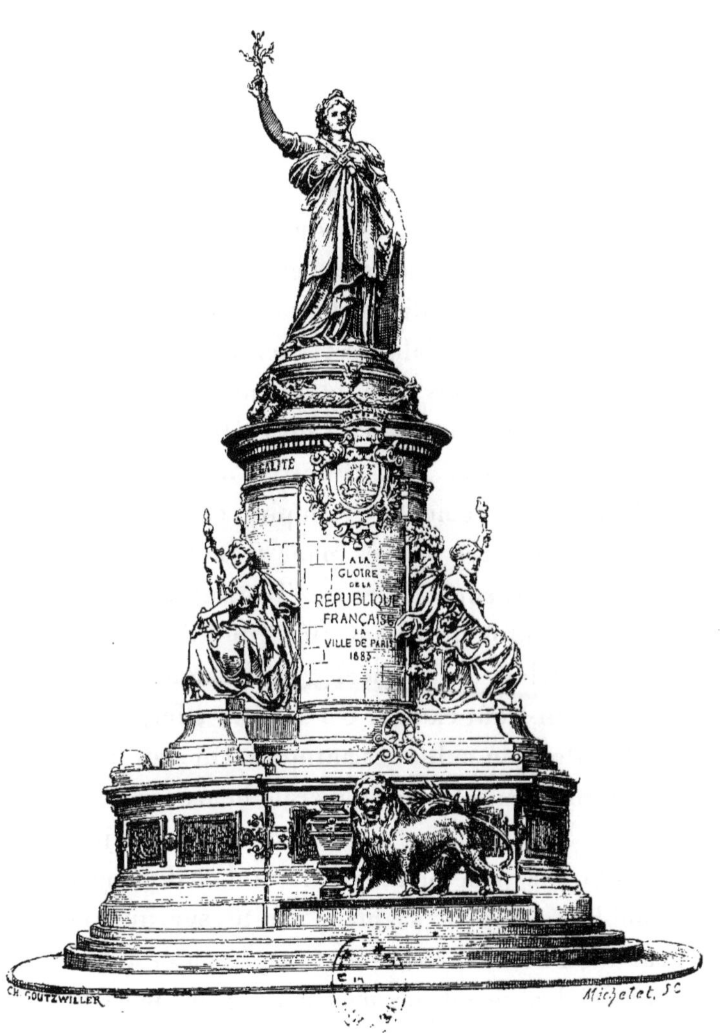

RÉPUBLIQUE. DÉCLARÉE LE 4 SEPTEMBRE 1870

une faubourienne énergique, calme et forte dans le repos de la paix, virile et terrible aux jours sombres de la révolte. Ces deux statues, au point de vue exclusif de l'art, marquent deux antithèses de style comme d'époque. L'une s'inspire des dessins d'artistes de la première République, tels que Prudhon, Naigeon et David ; l'autre, pour marquer l'époque actuelle d'un réalisme ou d'un sensualisme dont elle se réclame, dépose toute aspiration idéaliste et cherche ses formes dans la réalité de tous les jours et des milieux populaires.

La statue de Soitoux date de 1850. Elle a été inaugurée le 25 février 1880. Rentrée dans les magasins de l'État à l'avènement de l'Empire, elle n'en est sortie que ces dernières années pour trouver un emplacement définitif, sur la place de l'Institut, en face le pont des Arts. Soitoux, brillant élève de l'École de sculpture du début de ce siècle, a fait montre dans son œuvre d'un goût exquis. On sait, en effet, qu'on était en 1830 tout au culte des antiques. On sent dans cette statue une réminiscence générale heureuse de l'étude des sources classiques : la tête est sévère et jolie tout ensemble, la pose pleine de naturel et de majesté. La République appuie sa main droite sur un glaive et peut aussi bien, dans cet état, représenter la Loi.

Le célèbre profil des monnaies, gravé par Oudinée, présente une grande analogie avec le buste de Soitoux. Il date du reste de la même époque. Pradier sans doute, en 1850, faisait déjà subir à la figure trop antique de la génération précédente une petite rectification romantique, mais cette nuance de changement n'était qu'une atténuation et n'affectait pas la nature d'un changement complet. Au lieu de représenter en sculpture, comme aujourd'hui, des têtes de femme, symboliques, avec des cheveux de grisettes, et des petits nez retroussés, on ne perdait pas de vue que le caractère grec devait observer des lignes pures et amples. Le type adopté par Soitoux a toujours été trouvé si beau qu'il est considéré comme l'étalon à donner aux établissements publics. D'excellents sculpteurs s'en sont inspirés d'autres fois pour des œuvres différentes. Bartholdi ne l'a-t-il pas un peu caressé pour sa *Liberté éclairant le monde?* — Nous n'oserions le soutenir, bien que ce rapprochement n'ait rien que d'honorable pour l'un comme pour l'autre des deux artistes.

La République de Morice, fondue par Thiébault, orne le centre de l'ancienne place du Château-d'Eau. Sur un massif piédestal, décoré sur sa face des armes de la ville de Paris et d'un lion populaire symbolisant, avec l'urne, le suffrage universel, s'élève la forte femme décrite par Barbier, tenant de la main droite, mais du bout des doigts, une branche d'olivier. — Sa tête est coiffée du bonnet phrygien.

Faisant escorte à cette statue colossale, trois jeunes petites femmes du peuple, au type moderne, et d'une ample stature sont assises de trois côtés et représentent : la Liberté, l'Égalité et la Fraternité.

La Liberté porte dans une main une torche, emblème du progrès, et de l'autre une chaîne brisée, attribut de la délivrance. L'Égalité, aux traits un peu plus énergiques, est revêtue d'une cuirasse romaine. Elle élève de la main droite le drapeau de 89, de la gauche un niveau. La Fraternité, figurée sous l'aspect d'une femme des champs, est assise sur une charrue; une de ses mains tient une corne d'abondance d'où s'échappent des fleurs et des fruits. Deux enfants lisent à ses pieds, personnifiant l'instruction. Telles sont les statues qui complètent le groupe, tandis qu'autour du piédestal se déroule une série de bas-reliefs, finement modelés par Dalou, représentant les grands jours des Révolutions de 1792, de 1848 et de 1870. On en jugera par l'énoncé suivant : *le* 20 *juin* 1789, *le* 14 *juillet* 1789, *le* 4 *août* 1789, *le* 14 *juillet* 1790, *le* 11 *juillet* 1792, *le* 21 *septembre* 1792, *le* 13 *prairial an II*, *le* 29 *juillet* 1830, *le* 4 *mars* 1848, *le* 4 *septembre* 1870, *le* 14 *juillet* 1880.

L'inauguration du monument de la République eut lieu le 14 juillet 1884, jour de la fête nationale. Toutes les autorités constituées y assistèrent, au milieu d'une foule immense. La musique de la garde républicaine, aux accents de la *Marseillaise*, salua la tombée du voile, puis un défilé de nombreuses corporations succéda immédiatement à la série des discours officiels.

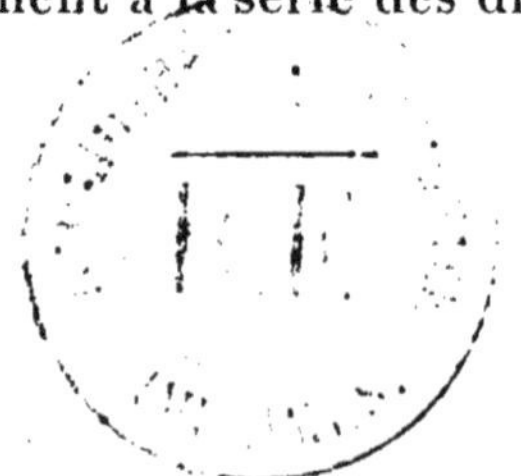

TABLE DES MATIÈRES

www.ingramcontent.com/pod-product-compliance
Ingram Content Group UK Ltd.
Pitfield, Milton Keynes, MK11 3LW, UK
UKHW022010170726
13837UKWH00001B/92

9 782329 556116